創業者を超える二代目経営者の成長ルール

船井総合研究所
吉崎誠二
Yoshizaki Seiji

同文舘出版

はじめに　～えなり君は〝幸楽〟を継ぐのか～

企業経営者の子息として生まれることは幸せなのか――。

ある経営者は「会社を持つなんて、こんなラッキーなことはない」と言った。そして別の経営者は「サラリーマンが楽だと思うし、自分も学校を出たら企業に勤め、ほのぼのとしたサラリーマン家庭を築きたかった」と言った。


私はサラリーマンの子供として生まれ、親類など周囲を見渡しても企業経営を行っている家庭は少なかった。だから、そういった家庭で育つということが、どのような毎日なのかはまったくわからなかった。高校生になり企業を営んでいる経営者の息子達と友達になり、家庭の話をしている時にサラリーマンの息子である自分とはほど遠い生活なんだな、と驚いたことがある。

「お父さんも、お母さんも毎日（経営する）会社に行っているから、夜ご飯はしょっちゅう外食か出前をとって食べてるよ」と聞き、誕生日などの記念日や運動会などのイベントの時にしか外食することがない我が家との違いを感じた。学校から帰ってきて、すぐに遊びに行きたい私に母は、「手を洗って、そして宿題をすぐしなさい。それから遊びに行きなさい」と言ったものだが、「学校から家に帰ってきても、両親はもちろん誰もいないから、すぐに遊びに行ったよ」と言う。

また、大学生の頃に交際していた方の実家は、地方都市において製造業を営んでいた。その実家に何度かお邪魔したことがある。立派な家で、お金持ちなんだなと思った。そして、彼女はおとなしい性格ではあったのだが、当時流行っていた赤いスポーツカーに乗っており、うらやむような暮らしをしていた。

ただ三姉妹の長女だった彼女は、「いつか家を継がなければならない」と悩んでいた。当時私はその悩みを理解したように親身に話を聞いていたのだが、その悩みの本質は理解していなかった、と後になって感じた。そう感じたのは、経営コンサルタントとして、中小企業経営者の方々と毎日お会いするようになってからだ。

いろいろな話を聞き「育ってきた世界がまるで違うな」と深く感じてきたからこそ、このような家庭と、経営者という職業に、自分が経営したいというわけではないが、興味を持っていた。

「お父さんが〝社長〟ってどんな気分なんだろう」「自分も父親の会社を継がなければな

らないと学生時代から意識するなんて……」。知らない世界に興味を持つのは人間のサガに違いない。

学校を卒業後就職し、3年ほどして船井総合研究所に転職した。26歳半ばの頃だった。今だから言える話であるが、私はこの会社のことも経営コンサルティングという職業のこともほとんどわからずに就職した。ただ、楽しそうな仕事と自律の上にある自由な社風に共感したことが決め手だった。

さて、冒頭のタイトルの答えはいまだわからない。ドラマ『渡る世間は鬼ばかり』（TBS）では、この原稿を書いている2010年4月現在、俳優のえなりかずき君演じる小島眞は実家の中華料理店〝幸楽〟を継いではいない。えなり君は、ドラマを見る限りでは中華料理店を継ぐ気配はない。彼には、〝いつか継がねばならない〟という意識はあるのだろうか。

えなり君の立場から見ると、父と母、そして祖母が店にいる。母と祖母はそりが合わない。いつも店の中で喧嘩をしている。料理人兼オーナーである父が仲裁している。時には、手伝いに来ていたえなり君が仲裁をする。二人とも白い制服を着た従業員なのだが、姑と嫁の関係でもあるので、うまくいかないのだ。お客がいようとも、喧嘩をしているので、当然店の雰囲気は悪くなる。しかし、入り口のドアが開き、新しいお客が入ってくると、何事もなかったかのように、満面の笑顔で「いらっしゃいませ！」と迎える。そうするとえなり君は、うんざり顔になる。

えなり君が店を継ぐとなれば、自らが料理をして、そして妻が注文を聞き、料理をお客のもとに運ぶ。おそらくおばあちゃんは引退しているであろうが、お母さんはいまだ従業員としてがんばっている。そして、妻と母は店内で喧嘩をする。自分が幼き頃からずっと見ていたあの光景だ。うんざりしていた父。あの表情をボクもするんだ……。

えなり君の想像力が豊かならば、この光景はすぐにイメージできることだろう。

ドラマは、この先どうなるのかわからない。父が一所懸命働いている姿を間近で見ていた息子は、父を尊敬しているだろうし、この店を継ぐことこそが自らの使命だと思っているであろうし、何よりも父や母が喜ぶと思うだろう。私のような親不孝者でさえも、「父や母が喜ぶだろうから」という動機は、行動指針やモチベーションの源泉になるものだ。

現実の世界では、「継ぐかどうかは、自分の意思で決めていいよ」と両親は息子に伝えるだろう。しかし、息子には「できれば継いで欲しい」という両親の心の声がはっきりと聞こえてくるだろう。そして、決意する。「やはりボクの使命なんだ……」
えなり君は、どうするのだろう。それは、脚本を書いている橋田壽賀子先生だけが知っていることなのだ。

2010年5月　吉崎誠二

創業者を超える二代目経営者の成長ルール

目次

1章

22歳の悩み ～卒業後の進路を考える～

2章

社長になるための修行期間
～経営者になる前をどう過ごすか～

3章

社長就任3年以内にすること

4章 心が磨り減る古参社員との関係

7章
ケーススタディ
二代目経営者に知って欲しい心構えと対応策

装丁　志岐デザイン事務所
本文ＤＴＰ　編集工房インデックス

やっぱり世襲はすばらしい

序章

二代目経営者は創業者を超えられるのか

創業者の長男として生まれ、後を継ぎ、企業業績を大きく伸ばした二代目社長にこんなことを聞いた。

「社長が創業者を超えたと思った瞬間はいつですか」

後を継いで約10年、売上3倍、経常利益10倍以上にしたこの社長の答えはこうだった。

「永遠に超える日は来ないと思うよ。だって、会社を興すということは〝0を1に変える〟ってことだから、どんなにがんばっても後継者は創業者を超えられない。〝1を3にする〟ほうが随分とやさしいのではないか」と話された。

そこで私が、「でも、これだけやれば『中興の祖』と言われてもいい、というラインがあるのではないですか」と聞くと、「売上10倍以上、経常利益は100倍くらいかな」と言う。

ある弁護士からこんな話を聞いた。その弁護士は多くの企業の顧問弁護士をされており、著名な方だ。

「私の顧問先は創業者がバリバリと経営の最前線でがんばっている企業が多い。あまり二代目経営者の企業は引き受けていない。というのも、創業者は破天荒な人生を歩んできた方が多く、人間的なスケールが大きいし、とても面白く魅力的だからだ」

それでは、果たして二代目経営者は魅力的ではないのか。

私が、現在の経営コンサルタントという職に就いて12年の時が過ぎた。はじめの8年間、同族企業の二代目経営者（三代目・四代目も含む）が経営する企業に対してのコンサルテーションが多かった。その数は50社を超える。そうした経験から述べると、多くの二代目経営者は魅力的だったと言える。

では、魅力的な二代目経営者とはいったいどんな人たちを指すのだろうか。

創業者に負けないくらいの熱き志と大きな野望、そして、従業員と社会に向けて自らが貢献できることを追求し続ける経営者のことを指すのだと考えている。

私が接してきた魅力的な二代目経営者の方々に共通していることは、

①創業者を心から尊敬している

②従業員を大切にしている
③お客様（社会）に対してどう貢献するかが明確である
④自社の置かれている業界にイノベーションを起こしたいと考えている
などがあげられる。

そして、〝同族企業の二代目経営者ならではの価値観と経営手法〟を身につけている。
では、同族企業の二代目経営者に必要な価値観、経営手法とはどんなことだろう。
本書ではこのことを解き明かしていく。

〝会社を興し動かし始めた〟という観点では創業者を超えられないとしても、売上と経常利益を大きく伸ばすことで、〝創業者を超える二代目社長〟と呼ばれる後継者になっていただきたい。この本はこうした想いで二代目経営者の成長ルールを書いている。
書かれている内容は、どれも私が実際にコンサルティングの現場でルール化したものばかりであるから、単なる精神論や理論ではなく経営の現場での臨場感が伝わるように書いたつもりだ。

この本の用語説明

この本は、世間的に言う二代目経営者の方々やその周辺でビジネスを展開されている方々を対象にして書いている。

ここで言う「二代目経営者」とは、創業経営者の後を継ぐ、創業一族から輩出される社長のことを指している。また、創業経営者の直後の後継ぎというだけでなく、三代目、四代目……もここではひっくるめて〝二代目経営者〟としている。

そして、ある一族（またはその親類・姻戚関係者）が全株式（あるいは大半）を保有し、実質その一族からしか代表者取締役が選出されていない状態の企業を、本書では「同族企業」と呼ぶことにする。

欧米ではファミリー企業と呼ぶのが一般的であるが、日本でファミリー企業と言えば、道路公団の問題で話題となったように、本体組織から役員が送り込まれて実質支配下にある関連企業のことを指すイメージが強い。そのような理由から本書では〝同族企業〟とした。

このように、30歳代～40歳代の二代目として社長に就任した方や、今後家族や親類が経営する企業（＝同族企業）の社長に就任する予定や可能性がある方を読者の中心としている。であるから、〝どう継げばよいか〟を述べており、〝どう継がせればよいか〟についてはあまり言及していない。この点は注意されたい。

この種の本はこれまでご年配の方々が書かれたものばかりだった
～さようなら「精神論本」～

これまで、二世経営者、後継経営者、世襲に関する著書は何冊も存在しているが、その多くは年配経営者や企業に対するアドバイスを行う立場の方が、「若者諸君！」という感情丸出しで大上段からの格言じみた、精神論に徹したものが多かった。

もちろん、永年の経験から述べられていることは参考に値する。しかし、そこから現在に通用するルールや法則を見出すことは難しい。30歳代の私が読んでいると、「そんな時代じゃないよ……」と、突っ込みたくなることが何度もある。

多くの後継経営者が企業経営のバトンを引き受ける年齢は、私がコンサルティングの現場で見る限り、30歳代中盤～40歳代前半が多い。学校を卒業し、一定期間の社会での経験を有し、最も精力的に仕事をしている世代、世間に言う〝油の乗った〟年頃だ。ちょうどこの頃は先代（父親）が、そろそろ引退を考える頃でもあるのだ。

経営コンサルタント会社に就職したばかりの私は、幸運にもこうした〝まもなく社長になる創業者のご子息〟がいる企業や〝父親である先代社長が引退したばかりのホヤホヤ社長〟が経営する企業のコンサルティングをする機会に恵まれた。

以来数年前までの約10年間、そうした企業の元を訪問し、できる限りのアドバイスをさせていただいた。経営に関することだけではなく、プライベートなことや父親との葛藤、お子様の受験勉強のことなど、そのアドバイス内容は多岐にわたった。

午前から夕方までは企業経営のアドバイスが中心だったが、夕飯をご一緒させていただきながら、会社では相談に乗りにくいことを、時には日をまたいで語り合った。会社外でのアドバイスが的を射たものかどうかはわからない。しかし、お酒に飲まれぬよう私なりに精一杯のアドバイスをした。

そうした日々をちょうど10年過ごした時に、これまでのことを振り返り、そしてこれまでのアドバイスの内容を、特に同族企業にとって普遍的なことを中心に、まとめて形にしようと思った。

この本は人生の先輩、年配者からのメッセージではなく、同世代の現役経営コンサルタントが後継経営者の目線に立って著したものである。

政治の世界は政権交代でも世襲議員ばかり
～経営の世界では世襲はよくないことなのか～

政治の世界で二世議員（世襲議員）の割合が半数近くに達したようで、いまや家業として政治業を営む「政治屋」が増えた。

「企業30年衰退説」（30年以上存在する企業はほとんどないと言われている）が、すでに古くなり、今では15年説も唱えられるようになった。そんな現在でも政治屋はなかなか潰れにくく、すでに50年以上続く老舗政治企業（一族）も多く存在している（もちろん、中曽根元首相のように一代で50年以上という人もいるが）。

ここで言う政治屋とは（私が勝手につくった言葉だが）、鳩山家、小泉家、橋本家などが代表的企業である。一族が政治を生業としており、その一族に生まれた子息（特に男性）は政治家になることを所望される。日本国の首相は近年、名門政治企業と呼んでいい永年政治屋を営む一族の現在の当主がその地位にあった。２００９年9月に自民党から民主党への政権交代が行われたが、政治屋鳩山家4代目である鳩山由紀夫氏が総理大臣に就任した。

政治の世界では一時、世襲議員が政治を悪くしているとして、批判を浴びた。不思議なものだ。しかし、2009年に政権交代が行われて以来、そうした報道はすっかり消えた。

政治の世界での世襲の是非についてはよくわからないが、経営の世界では悪いこととは思わない。事実、世界中の多くの企業で世襲は行われており、後継経営者も立派に成果をあげている。

日本を代表する企業の多くに世襲は見られる。先代社長から、受け継ぐプレッシャーをバネに先代を超える活躍をしなければ認められないというビハインドを跳ね除け、結果を出している社長も多い。少なくとも、上場企業以外の企業において世襲はいいことだと言っていいだろう。

本書は、世襲は悪くない。悪いどころか、株式非公開企業においてはいいことだ、というスタンスで書いている。

日本で否定的だった同族企業、海外では賛美される同族企業

日本においては、同族企業はどこかネガティブなイメージが強い。しかし欧米においては、歴史ある有名企業の多くがファミリー経営であり、企業が永続化する条件のひとつに掲げられている。大学などにおいて、同族企業（ファミリー企業）についての研究も行われており、そうした専門書（大学の授業で使うテキストなど）も数多くある。

日本に資本主義が本格的に芽生えた明治期においては、もちろん現在の大手企業も同族企業が多く、それらが歴史を経て同族企業でなくなったのだ。三菱グループは岩崎家が創業家として長く君臨していたし、マスコミもそうした企業が多い。戦前までは同族企業が当たり前の事業形態だったのだ。

そして、戦前の日本においても資本家（企業経営者）と労働者（従業員）の対立はあった。製造業が中心だったこの時代、従業員は経営者によって過酷な労働を強いられ、経営者一族は優雅な暮らしをしており、従業員は不安定だった（そう見られていた）。戦後、日本は共産主義国家とはならなかったが、労働者に偏重した思想は日本にも流入した（もちろん、そうした思想は戦前の日本にもあったが、治安維持法など法律による厳しい規制

がかけられていた）。GHQの政策により、労働組合の結成・活動が合法化されたことで、その傾向が強まった。戦後の混乱期を抜けて、昭和20年代中頃からは労働争議が頻発した。このようにして、労働者と資本家（経営者）の対立構造が長く続いた。

1990年代に入り、そうした流れは大きく変わり、毎年5月1日のメーデーの日に行進や集会などをする活動も勢いがなくなっている。

このように、経営者と従業員の関係は大きく変化した。それに伴って、〝同族企業はよくない〟という風潮も薄まりつつあるのではないかと感じている。確かに業績好調企業の経営者はリッチな暮らしをしているように見える。しかし、経営者（特に中小企業の）は自らの人生（資産を含む）をかけて企業経営を行い、失敗した際には自己破産の憂き目にあう。バブル崩壊後の日本企業でこうした事例が多く見られたことで、〝企業オーナーも楽じゃないな〟と、サラリーマン達は捉えるようになった。

同族企業を見る目が変わってきていることは間違いなさそうだ。

この本の元ネタはコンサルテーションの現場

この本は、同族企業の後継経営者の方々に向けて、私が実際の経営コンサルティングの現場でアドバイスしていることをまとめたものである。

私が経営コンサルタントという職業に就いて12年が経ったが、そのクライアント先は、大きく2つに分けられる。業界で一定の地位を築いている企業（業界大手企業）と、地域で知名度のある企業（地域企業）だ。前者は専門領域である住宅・不動産関連企業がほとんどで、後者はさまざまな業種の企業のアドバイザーを務めてきた。後者企業の経営者は創業経営者ではなく、創業者のご子息が経営者として活躍しているケースが圧倒的だった。また、これは偶然である場合も多いが、私が20歳代後半から30歳代だったことが、ご支持をいただいた理由だろう。

このような経営者の方の年齢は、私の年齢（1971年生まれ）より少し上くらいの方々が多く、経営者として一番勢いのある年頃だ。こうした経営者と一緒に、企業のアドバイザーとして、一緒に業績向上のための施策を考え、そして実際に手を動かした。このような業務を通じて経営者の苦労を知り、そうした日々が私を育ててくれたと言っても過言ではないだろう。

本書の実例は、実際にコンサルティングの現場で体験したことを基にしている。その中で、ルール化したこと、多くの該当企業において共通のことを中心にまとめた。私自身の意見というより、実例を中心に仕上げている。

企業の一番の使命は永続すること

後継経営者にとってなにより重要なことは、受け継いだ企業を自らの代で倒産させないことだ。

そしてその次に、自分の代で会社を大きくすることということになる。自らの代で会社が拡大し、商圏内シェアの拡大、置かれている業界内のポジションや社会に与える影響力が増した時などは、その社長はのちに「中興の祖」と呼ばれることになる。ぜひ、そうなっていただきたい。

一時的に業績を拡大させることはできても、永続的に会社が成長し続ける仕組みをつくることは難しいものだ。同族企業に対する私のコンサルティングは、「永続企業化」を第一の目標としたもので、一時的な業績向上のみを追いかけるコンサルティングスタイルではない。多くの企業が景気に左右されず、少しずつでもいいから骨太で年々成長している企業になっていただけるよう、コンサルティングしている。

企業は、そのお客に喜ばれるために存在している。いつまでも、お客に「ありがとう」と言ってもらえる企業になりたいものだ。

前置きはこれくらいにして、二代目経営者の方々が〝何をどうしたらいいか〟の具体的な話に移っていきたい。

本書は、二代目経営者が学校を卒業する時から、年を追いかける形で書いている。みなさんにとっては、すでに過去のこともあるかもしれないが、ぜひとも読んでいただきたい。

1章

22歳の悩み
～卒業後の進路を考える～

なぜ経営者は孤独に耐え得るのか

まず後継者が悩むのが学校卒業後の進路だ。ここではその後、実家の企業に入社することが決まっていることを前提で、書きすすめていきたい。

結果を出し続ける経営者は、その資質をいつ、どのように身につけたのだろう。経営コンサルティングという仕事を始めた頃、多くの経営者と接する中でこのことに興味を持った。言うまでもないことだが、創業経営者と二代目経営者では大きく異なる。創業経営者の場合、それまでの社会経験の中で何かの「憤り」のようなものがあり、それを変えたいという「志」が明確になった時に、会社が大きく成長していることが多い。創業のきっかけは、「事業を成功させ一旗あげたい」「お金持ちになりたい」という思いが先行していたとしても、先に述べたような潜在化していた思いが顕在化した時に業績が拡大し始める。

一方このような「憤り」や「志」と呼べるようなものが創業者の心にない場合は、たとえ一時的に業績が拡大したとしても、それは一過性のものに終わることがほとんどだ。このような志のない企業に永続性はあり得ない。これには例外がない。

会社を興し、経営者として日々を送ることは、並大抵のことではない。肉体的にも、精神的にもとてもハードな仕事だ。会社が大きくなり多くの社員がいても、また、たとえ上場企業となっても、常に決断を迫られ、全責任を負わねばならない孤独な業務だ。

これまで、ベンチャー企業、新興市場上場企業、一部上場企業とあらゆるステージの企業のコンサルティングを行い、多くの社長と接してきたが、その度に社長業の厳しさを感じ、「私にはとてもできない」と何度も思った。このハードな任務を遂行できる源泉こそが、お金でも名誉でもない、「志」である。

どんな経営者でも（口にする人は少ないと思うが）孤独な毎日を過ごしている。後継者は、父の孤独な姿を見てどう思うのだろう。「自分に務まるのだろうか」、「そんなことする必要はあるのか」などと、否定的なことを考える時もあるだろう。しかし、多くの後継者は経営者となる使命を持って生まれた、そんな覚悟が必要である。

後継ぎである二代目経営者は創業者のような熱き思いを持つのは難しいのではないか。特に、後を継ぐ会社がある程度の規模や業界内で一定の地位になっていた場合などはなおさらである。特に「憤り」をモチベーションにすることは難しい。どちらかといえば、憤りを持たれる立場かもしれない。
「決断をし続け、会社で起こるすべてのことに責任を負う」ことは企業の大小にかかわらず、すべての社長に課せられた任務である。そしてそれを最終的には一人でこなす。なんとも孤独な仕事である。そのためには、これに耐え得る「大きな何か」が必要である。

このように、将来社長となる後継者にとって、入社前までに必要なことは、創業経営者が持っているような「憤り」と「志」を湧きあがらせ、それを明確にすることである。そのためには、まず創業者の思いに耳を傾ける必要がある。創業者が父や祖父の場合、直接じっくりと創業の経緯を聞けばいい。イキイキと話してくれることは間違いない。

父や祖父が創業者でない場合や、すでに他界している場合は、創業の経緯を知っている人を探して聞けばいい。長老格の社員はたいてい知っているものだ。創業する契機となった出来事があり、その出来事の本質が見えた時、それを乗り越えたいという思いが芽生えるに違いない。

次に、ビジネスを展開する業界においての矛盾を探すことだ。日々の業務を行ってると、あえて探さなくとも実感できることかもしれないが、「業界の古い体質を変えてやろう」というくらいの気概を見せたいところだ。そして、さらにお客と毎日対時していく中で、いま以上に事業規模を拡大して、お客に満足度を高めてもらいたいという思いが湧いてくる。このようなことを積み重ねていく中で、徐々に「憤り」と「志」が芽生えてくるだろう。

私がこれまでお会いした二代目経営者の方々が、実家企業に入社する前にどのような経歴であったかを分類すると次のようになる。

一番多いのが、大学に進学後、会社の取引先や、もしくは関係のある大手・中堅企業へ入社し、30歳を過ぎた頃に実家企業に転職する、というパターン。

余談だが、この場合すでに結婚をし、その奥様ももちろん一緒に実家がある土地へ戻る。このパターンは今でも最も多いと思うが、大学全入時代に入り、今後圧倒的になるだろう。

次に、少し前のベンチャー企業ブームの頃によく見られたのだが、著名な社長が興したベンチャー企業に入社するパターン。

そして、父である社長の知り合いが経営する企業に入社するパターン。

最後に、学校を卒業後すぐに実家企業に入社するパターンである。この場合、大学に進学せず海外で見聞を広めてから、というケースも時に見られる。

どのルートを経て、父の経営する企業に入社するのがよいのかは、個人のパーソナリティやその企業が置かれている状況などによって異なるから、断定できないが、この章では入社するまでの経緯別に、何を身につけておけばその後に役立つのかを考えてみたい。

Summary

・〝志〟なき企業経営は続かない

両親と真剣に将来を語れるか

大学3年生の頃になると、多くの学生が就職を意識し始める。就職協定が事実上なくなり、年々企業の採用活動が早くなっており、学生が実際に就職活動を始めるのはたいてい3年生の秋頃からになっている。実家が会社経営を行っている子息の場合、この頃になると「さて、この先どうしようか」と悩み始める。

この悩みは当然、一般の学生とは違う悩みである。どんな企業を受けようかと悩む前に、「実家には戻るべきなのか」という悩みである。この時期に親（社長）か子供（後継者）

か、どちらかから「一度、じっくり話そう」ということになる。

これまで何度も、クライアント企業の社長から「息子がこの度大学を卒業する。そこで進路相談にのって欲しい」と言われたことがある。私のほうが、父親である社長よりもご子息と年齢的に近いから、意見を参考にしたいという理由だろう。実際に三人での会食を何回も経験した。

そのような依頼を受けた時、私はこう質問する。「社長のお考えはどうなのですか。すぐに戻ってきて欲しいのですか？　それともどこかの企業で研鑽を積んでから戻ってきて欲しいのですか？」すると、社長は明確に意見を持っている方と、迷っていると言われる方に分かれる。多くは、少しの期間どこかの企業で勉強して、それから自らの企業に戻ってきて欲しい、と考えている。

一方、はじめてお会いするご子息の解答は、たいてい同じだ。「どこかの企業に就職したい。その後に先のことは考える。いつかは戻ると思うけど」「世間知らずのまま入社し、この会社しか知らないというのは怖い」と語る。

自分自身もそうであったが、大学生の多くは両親と共有する時間をあまり持ちたがらない。もちろん個人差はあると思うが、照れくささが先行するのだろう。このように学生世代の子供が親との関係が稀薄なのは、先進国の中では珍しいそうだ。

後継者として会社に入社すると、社長である父と毎日長い時間を共有する。そして、自らが社長となった際にも、たいてい会長として残ることが多い。

このように入社後は、父と力を合わせて企業を成長させることになる。当然のことながら、両者の人間関係は良好なほどよい。父親が過保護であったり、子供が父親をナメていて、バカにするような態度を取ったりしていては、会社の成長はあり得ない。後継者を育てるという意味でも、親は息子と語り合う雰囲気づくりを努力し、息子と腹を割って話せる状況をつくっておかねばならない。これは、急にできることではない。幼き頃からの関係も大きく影響する。

少し脇にそれるが、複数の兄弟がいる長男の方の場合、家庭の中で一番の〝物知り〟であることを意識せずとも、父や母に対して「あなたたちの考え方はもう古い。オレのほうが何でも知っている」というような発言をする方が多いようだ。このような行動は息子としての間はいいが、この傾向のまま入社してはいけない。人生の先輩である両親に対して心からの尊敬の念を抱いていれば、おのずと言動も一致してくる。

両親に卒業後のことを相談する時が、こうした思いを示すはじめての行動になることだろう。

人生の先輩であり、これまで数多くの成功や失敗の経験をしてきた両親に、考えていることを素直に述べて、意見を聞く。その意見を〝年配者の戯言（たわごと）〟として、聞く耳を持たないのではなく、しっかりと取り入れる。そして、ここは大事な所であるが、その上での判断は自分が行えばよい。すべてのことを両親に判断を委ねるのはいかがなものか、と思う。両親の意図を過剰に汲むことや、後で後悔することのなきよう、自分でしっかりと考えたうえで判断すべきだ。

Summary

- 卒業するに際し、両親との話し合いを持て
- 両親という先達の意見をしっかりと受け止めよ
- 親との関係を良好に。父親とは腹を割って話せる間柄を築け
- 最終的な判断は自ら下せ

大手企業に入社してすべてを手に入れたい

かつて経営者の子息は義務教育を終了した後、商人道を身につける修業を行うというのが一般的だった。近年大学への進学率が著しく伸び、全入時代となり、ほぼ義務教育化してしまった。割合で考えると、大学卒＝かつての高校卒、大学院卒＝かつての大学卒、という感じだ。こうした時代であるから、周囲の流れに乗って大学に入学、そして多くの人々と同じように大学3年生の後半になると就職活動を始める。ここでの葛藤については先に述べた。

この節では、大学を卒業後、一般的な大手企業に入社した後継者が、そこでの勤務中に何を身につけるべきかを述べる。

ここでの大企業の定義を、創業から30年以上の年数が経っており、東証一部上場企業もしくは非上場の会社で多くの人に名が知れている会社、としておく。新興市場上場企業や創業から日が浅い企業は、次項のベンチャー企業に属するものとした。

大企業と中小企業の一番の違いは何であろうか。まずこのことを理解する必要がある。一番の違いは、大企業は仕組みで会社が運営されているということだ。ルールや規定が整備されており、それに則って会社が動いている。就業規則だけでなく、営業現場においてもマニュアルや規定集がある。官僚組織まではないが、各従業員に役割が与えられており、自分のすべき仕事がはっきりしている。人事異動も定期的に行われ、担当者が代わっても会社への影響は少ない。〝人でなく仕組みと規定で動く〟ということだ。

一方中小企業はまさにこの逆と言っていいだろう。各従業員の役割は一応決められているが、あいまいなことが多く、管理職になると〝何でも屋〟にならざるを得ない。そして現場でのルールや規定、マニュアル類が揃っている企業は少なく、あってもホコリをかぶったような状況で何年間も誰も目にしていない、そんな状況の企業が多い。〝仕組みでなく人で動く〟そして〝取り替えが利きにくい従業員〟という状況が中小企業だ。

大企業の中にも同族企業とそうでない企業がある。大企業の同族企業としては、サントリーなどがあげられる。もちろん企業の株式は公開されていない。これらの企業の傾向として、経営者の方々が芸術に傾倒し、文化と企業経営をうまく融合させ、業界のリーディングカンパニーであるとともに、女性から人気のある企業となっていることがあげられる。日本における大企業の中には、同族経営である企業も多い。

近年その傾向が徐々に減りつつあるが、いまだに多い。同族企業の場合、責任を取るべき人が明確で経営決断が早く、また、サントリーにおけるビール事業のように、長年市場シェアが伸びず赤字を垂れ流していたにもかかわらず、創業家の執念で一事業を続けている場合もある。ちなみにサントリーは〝よりおいしいビールを創る〟と踏ん張った結果、「ザ・プレミアムモルツ」が全世界的な賞を獲り、一躍万年4位の座から上昇した。

このような、ある意味道楽に近いことができるのは、間違いなく同族企業だからだろう。そうでない大企業の場合、現代のような株主や世間の目が厳しい状況では、「2年〜3年間で収益が出なければその事業から撤退」ということになるだろう。

将来父の会社を継ぐことになる後継者が大学卒業後、大手企業に勤める道を選んだ場合、その企業は同族型大手企業を選ぶことをすすめる。同族企業とあまり知られていない会社も多いが、有名企業の中に同族企業は多い。創業家と企業の位置づけ、創業一族の中から選ばれた社長とそれをサポートする役員の関係、従業員が創業家をどう見ているかなどは、こういった企業に実際に勤めないと見ることはできない。

大手企業に入ったら同期や先輩、上司とは徹底的に仲良くしたほうがいい。自らは、一定年を過ぎると退社するわけだから、上司に媚を売る必要はないのだが、だからといって上司や先輩との人間関係を適当にするのは、得策ではない。会社を辞めて自らが社長になった時に、この時の人脈は大いに役立つことだろう。

また、後輩との関係であるが、これは、絶対に「嫌な先輩、キライな先輩」と思われることは避けたい。後輩達はもしかすると将来、先輩であるあなたの会社に入社するかもしれない。将来の右腕になる可能性もある。

こういった事例は何度かコンサルティング先で見かけた。大企業に勤めていた時の後輩が、「社会人としてのさまざまなルールや仕事を教わり、アニキのような存在である先輩が辞めた時ホントに悲しかった。だから、しばらく経って先輩に『ウチの会社に来て、オレをサポートしてくれないか』と誘われた時、即決しました」という話を直接聞いたことがある。

上司や先輩はいつかあなたの会社のサポーターになる。そして、後輩や同期の方々はあなたの会社の優秀な社員になる可能性がある。このことを意識して大企業での仕事に打ち込んで欲しい。

先に、〝大企業は仕組みで動く〟と述べたが、その仕組みは明文化された単なるマニュアル的なものや規則集的なもの、明文化されていない「暗黙のルール」「先例の踏襲」というものまでさまざまである。中小企業の場合、これら明文化したものが少ないことが多い。

もし、あなたの会社が中小企業である場合、大企業を経て実家の会社に戻った時、まずこのことに愕然とするだろう。そして、急務はこれだ、と思うことだろう。こんな時大企業での経験が役に立つ。もちろん、退社する際にマニュアルなどは会社に置いていかねばならないが、内容をしっかりと理解し、できれば覚えておくことが望ましい。

また、大企業でしか経験できないこととして従業員としての労働組合活動もあげられる。あなたが実家に戻ったら、これは絶対に経験できない。改めて述べるまでもないが、労働組合は労働者と使用者（一定以上の役職者、経営幹部など）が従業員の労働条件の改善のために折衝を行う組織だ。近年その活動は過激さがなくなる傾向にあるが、たいていの大手企業には労働組合が存在し、直接的ではないにしろ、その活動に触れることになる。

中には、全社員（ある程度以上の役職者になると、自動的に退会する）が労働組合の構成員になる会社も見かける。ここでは生活のかかった労働者の要求とそれに対応する経営幹部の攻防を見ることができる。給料のベースアップや賞与の増額を要求する労働者と株主の声や経営状況を意識しながら妥協点を見つけようとする経営陣、互いの意見をぶつけ合う場である、労使交渉の過程については、知っておいて損はないと思う。

このように大企業に勤めることは、もし実家の会社がそれほど大きな規模でない場合、とても有益な期間となる。

Summary

- 大手企業では人脈づくり、仲間づくり、応援者づくりに全力を
- 「人ではなく、仕組みで動く」のが大手企業の最大の特徴。仕組みづくりのコツを取得せよ
- 規則、規定、ルール、マニュアルなど、大手企業の充実した仕組みを頭と体で持ち帰れ
- 大手の同族企業に入れば、自らが社長になった時に役立つことが多い

ベンチャー企業だから学べること　～社長のそばで社長感覚を身につけろ～

1990年代の後半から2000年代の前半、ベンチャー企業ブームがあった。199

7年に大手証券会社や生命保険会社などが倒産し、「大手企業は安泰」という日本における神話が崩壊し、一方でＩＴ系などの企業が急成長して、その中のいくつかの企業が新興市場に上場を果たした頃だ。

新興市場に上場した企業の株価は初値で信じられないような高値をつけ、その後一時的に低迷したが、元ライブドアの堀江貴文氏に代表されるような経営者が「時代の寵児」と、もてはやされた頃まで、有名大学に通う大学生が大挙してベンチャー企業の採用試験を受けた。私はベンチャー企業に勤めた経験はないが、先に述べたようなベンチャー上場企業や当時人気があったベンチャー企業のコンサルティングを行っていたので、その内情を見てきた。

それでは、「ベンチャー企業に入るメリット」はなんだろうか。私は以下の3点だと思っている。

第一に若くして責任ある仕事を任せてもらえること。入社して数年間は、雑務や先輩社員の補助的な仕事が多い大企業に比べて、新卒学生でさえ即戦力と考えるベンチャー企業では入社して数ヶ月で、最前線で活躍することになる。当然その中で結果が出ると、20歳代半ばで管理職になることもある。

これは、将来企業経営者となる二代目経営者にとっては、いい経験だ。しかし、社会人になるための充実した研修期間が少ないことは否めない。ベンチャー企業においては、「そんなことをしているくらいなら、積極的に仕事をし、時に怒られて実践で身につけろ」という社員教育の場合が多い。

先輩や上司のサポート業務をしていてはどうしても、その仕事に対して無責任になりやすい。業務全体が見えにくいこともあり、仕事がいわば〝作業〟になりがちだ。

「自ら考えて、自分の責任において行動を取る」そんな日々の積み重ねが若きビジネスパーソンを成長させていくのだ。こういったスタンスは大手企業も見習うべきだと思うが、私は大手企業に対してコンサルティングも多数行っているが、なかなか難しいのが現状だ。

第二に、経営者と近い距離で仕事ができること。これは大手企業では、20歳代ではまずあり得ない。社長の顔を見ることはほとんどなく、もちろんどんな毎日を過ごしているのかなどわかりっこない。ベンチャー企業に入ったならば、できるだけ社長に近い部門の仕事に就くように希望を出したい。

私のコンサルティングした企業では、入社2年目の中から〝これは〟と思える人材、つまり将来の幹部候補を社長のかばん持ちとして同行させて英才教育をしている企業があった。これはとても理にかなった教育手法だと思う。

採用した人材の背景を企業も知っているだろうから、将来辞めるであろう人材をその役目につけるかどうかはわからないが、もしあなたが1年目から頭角を現したら、社長のそばで社長と同じ時間を過ごし、「社長業とは何か」「社長は日々どんなことを考えているか」を目の当たりにすることが可能である。

このようなポジションをぜひ獲得したい。将来社長になった時に確実に役に立つ。だいたい、どんな企業においても、社長のそばで仕事をするのがビジネススキルを上げる最も手っ取り早い方法だ。

第三に、ベンチャー企業の場合、若くして管理職になる可能性が高い。将来、経営者になるからには若い頃からリーダーシップ力を磨いておきたいわけだから、これはいい経験である。

大手企業に比べて企業業績の成長スピードが速く、事業拡大意欲の高いベンチャー企業では、常に人材が不足している。社長の年齢も30歳代~40歳代で事業部の責任者が20歳代後半、そして数人を率いるリーダーは入社して3年~4年目の社員に任せているベンチャー企業も見かける。

人の上に立つということは、本を読んでも研修を受けてもなかなか身につくものではないと思う。やはり、実際に経験してみないと、その本質はわからない。人が人を導き、管理するわけだから、そうたやすいものではない。何かを任せるにしても「自分でやったほうが手っ取り早い」と思うことがしばしばあるが、これではリーダーとは言えない。先人が言ったように「やってみせ、言って聞かせて、させてみて、ほめてやらねば人は動かじ」ということを実感する必要がある。

こういったことを早くから経験することは、とても意義深い。

Summary

・リーダーシップを若い頃から身につけよ
・創業社長のマインドを感じ取れ。そのために社長の近くで仕事をせよ
・責任ある仕事を早くから引き受けろ

同業他社に就職したら何を学ぶか

学校を卒業した後の進路として、実家企業と同業の他社に就職する、というケースもある。これは、これまで私が経営コンサルティングの現場で見てきた中でも、意外と多いパターンだ。特に地方都市企業の後継者に多かった。父親を通じて紹介された企業に、「〇〇会社のご子息」として入社する。商圏的にバッティングしない地域での同業他社や実家企業の取引先などに就職して、その業界のイロハを学ぶということだ。

これは、先に述べた2つのケースに比べて、一般的なビジネススキルの研鑽を積んだりすることがやや難しい上、どうしても視野の狭い状況になるが（もちろん該当分野については深く知ることができるが）、短期間にピンポイントでこれからの事業について実践的なことを身につけることができる。

たいてい、一通りの知識や経験を身につけた後に、どこかの部門に配属される。しかし、この場合どのような部門がいいかは一概には言えないが、実家に戻った時の事を想定して、希望を伝えるのがいいと思う。

ここで注意しておきたいことは、その業界の常識にどっぷりと浸かり過ぎないことだ。

学校を卒業してすぐの時期は、見るものも聞くこともはじめてのことが多く、そこで教わったことが脳と心に浸透しやすい。その企業の常識、アニキのように教えてくれた先輩の言動行動、などがすべてスタンダードなことだと考えてしまいやすい。

どんな業界でもそうだが、「業界の常識は世間の非常識」と言われる。その業界特有の商慣習があり、働き方があり、人間関係がある。ある新聞社勤務している知人と話していると、「新聞業界などは、世間の常識なんてまったく通じない世界だ。世の中で起こっている出来事を毎日追いかけているが、自分達の会社は世の中の動きからまったく取り残されている。まさにガラパゴス島だ」などと飲んでいる席で言っている。私もマスコミ関係者と仕事上で多くの関係を持っているが、まさに昭和30年代のままの業界だと感じた。しかし、こういったことは多かれ少なかれどの業界でも言われていることである。

年配社員ばかりの会社に入社することもある。この場合、立派に働いている方々も多いが、会社の愚痴ばかり言う社員も多い可能性がある。こういった方々と「帰りに一杯」などについて行くと、最初の頃はいろいろ教わって有意義な時間を過ごせるのだが、だんだん回を重ねてくると、会社の文句などのあまり聞きたくないことや、その方の若き日の栄光（自慢）をさんざん聞かされることになる。そして何度も同じ話を聞かされる。これは正直つらいことであるが、こういった経験も将来に役立つことだろう。

実家企業に入社した後、社長になる後継者の大きな試練のひとつに「古参社員との関係構築」がある。その時、何度も会食を重ねて自分よりもだいぶ年配の方と語り合わねばならない。そんな時は、たいてい「思い出話、若き日の栄光のお話」を聞くことになる。その栄光を認めて、そしてこれまでの会社に対する貢献を認めてはじめて、古参社員と一体化できる。

「これからがある人」と「これまでがある人」の関係は互いが尊重し合わなければ難しい。その予行演習だと思えばいい。

Summary

・業界の常識は世間では非常識の場合が多い
・年配社員と飲み、関係づくりの練習をせよ

入社前の家業との関わり方

二代目経営者の方々は、現在経営している実家企業に入社する前にどのように関わってきたのだろうか。これまで私がお付き合いしてきた二代目経営者にお話を聞いてみると、多くは時々会社をのぞく程度、もしくは少しお手伝いをした程度と答えてくださった。

もちろん自宅と会社が同じ敷地にある場合などは、幼い頃から父親が働いている姿を見ているだろう。そうするとたとえ会社の内部にいなくとも大枠は知っていたのではないかと思う。

しかし、多くの方が、入社する前にはあまり深く関わりを持っていなかった、ということは事実だ。かたや多くの方が、父が経営する会社の従業員、古参社員と呼んでいい社員の方に小さい頃に遊んでもらったりお小遣いをもらったりしたことがある、と答えた。

「仕事についてはあまり知らないけれど、従業員についてはなんとなく知っている」というのが一般的なのだろう。

一昔前まで、学校を卒業してすぐに実家企業に入社するのが一般的だった。将来、後を継いで社長になるわけだから一刻も早く会社の仕事を覚えて、戦力となり、会社に貢献するべきという考えが普通だったが、今では他企業で幅広い見識を身につけて、時期を見計らって実家企業に戻ってくるのが一般的になった。

企業を取り巻く環境の移り変わりが速く、「変化、時流に適応できるかどうか」が、企業が生き残れるかの鍵となった。このような時代に後継者が実家企業しか知らないというのは、弱々しいと言わねばならない。


私はクライアント企業経営者の方に、「若い頃から会社との関係を持たすべきか」という相談を受けた時、「その必要はないと思いますよ」と答えている。そして、「それより、他社や異業界でしっかり仕事をして多くを学んで、そのことを会社に持ち帰ってもらったほうが会社の発展につながりますよ」と言っている。

一方、社長である父親との関わりは蜜にしておいたほうがいい。具体的には定期的に二人で食事をしながら近況報告し、父からは会社の現状を聞くことだ。中には、子息に会社の状況を話したがらない社長もいるが、息子としては後を継ぐつもりならば、状況を知っておきたいところだ。

家庭と仕事のケジメをつけているのはある意味で立派な経営者像であり、こうした線引きはとても大事なことだが、息子の意識が後継者に変わった頃からは、積極的に父にアプローチして語り合いたい。

クライアントである社長と入社する前のご子息と私の三人で会食をしたことがこれまで何度かある。照れくさそうに話す社長もいれば、説教（に聞こえる話）をし続ける社長もいる。

そんな時、ご子息の反応は大きく二分される。適当に聞き流す方と、父の言葉に対して自分なりの意見を積極的に話す方だ。

そばで聞いている私が、「後を継ぐことを意識しているな」と感じるのはもちろん後者である。時に、父親の会社での施策を「それは違うんじゃないか、もっとこうすればいいんじゃないか」と、とても理にかなった意見を言う方もいる。

意外とご子息はよく会社を見ているな、と思う一方で、父親の意見に対して「少し言い過ぎじゃないか」と思える場面も見られるが、いずれにせよ、父と息子の関係が良好であることには変わりはないから、そばにいて「この方が後を継ぐのは安心だ」と感じられる。

逆に、聞き流すタイプのご子息を見ると、この方を後継者にして大丈夫か、と思ってしまう。これまでの父と息子の関係はどうだったのだろう、と首をひねりたくなる。こういった時、後継を意識し始めたら、父と子の関係構築から始めなければならない。どちらかから、歩み寄り「一度腹を割って話そう」という場面が必要だ。

これには母親や親戚の方々の協力も必要かもしれない。時には、我々のような外部の人間が登場する局面もあるかもしれない。いずれにせよ、大きな問題だ。家業として会社が存在している場合、このように、小さな頃からの息子との関係は、会社の永続化に重要な要素となる。家業の場合、後継者の息子は次の後継者になる。このことを意識してご息子との関係を築いておきたい。

Summary

- 学生の頃から実家企業と関わる必要はない
- 学校卒業後すぐに実家に入るより、他社で研鑽を積め
- 父親と親子の関係を超えた語らいをせよ

2章

社長になるための修行期間
～経営者になる前をどう過ごすか～

一般社員時代① 早く一人前に

これまでのコンサルティング現場でお会いした二代目経営者の方々に「会社に入社した時、どんな立場から始めましたか」と聞くと、入社の年齢にもよるが、たいていは「もちろん平社員を何年かは経験していますよ」という回答が返ってきた。

一族の不幸やトラブルなどがない限り、たいていは経営者の子息であれ入社時は平社員が多いようだ。もちろん、例外もあると思うが、社長＝父親の意向により、かわいい息子に苦労させたいという思いから平社員から始めさせるのだろう。

入社したら、とにもかくにも一日でも早く仕事をマスターすること、これは当たり前のことである。社長のご子息ということもあり、先輩社員や上司も丁寧に教えてくれるだろう、それをしっかりと聞くことは言うまでもない。その際、丁寧にお礼を言い、心からの感謝の意を表さなければならない。

そして、与えられた業務を〝一人前〟にこなせるようになるのと同時に、それなりの結果も残さねばならない。

現場レベルの社員の間では、「将来社長になることが決まっている社長の息子が入社してきた。そして、自分達と同じ職場で働く」という状況になり、入社してきた後継者を興味の眼差しで見てくることは100％間違いない。

そして、「お坊ちゃまにホントに現場仕事が務まるのか？　どうせお高くとまっているのだろう」という目で見ていることも多い。こういった視線を感じながら、日々仕事に励むのは精神的に結構キツイかもしれない。しかし、将来就くことになる社長業は体力とともに、精神力が重視される業務なのだ。それに比べれば、たいしたことはないと思うし、その時に活きるいい練習と思っておけばよい。

少々脇にそれるが、ビジネスにおいてこの〝一人前〟という言葉はとてもあいまいだ。先輩社員や上司が入社して間もない社員に対して「早く一人前になれよ」という言葉をかけてハッパをかける。

この言葉の〝早く〟とはいつくらいまでのことを指し、また〝一人前〟とは仕事がどれくらいできるようになった状態を指すのであろうか。成長企業の多くは、採用意欲が旺盛で（つまり多くの社員を採用し）、彼らをすばやく戦力化している。このようになるためには、「一人前の定義をすることが、第一である」とコンサルティングの現場で述べている。

入社した社員が新入社員扱いされなくなるのは、何も入社してから一定期間が過ぎたからそうなるのではない。一般社員と同様のレベルの仕事ができるようになった時に、「ようやく一人前だな」と新人扱いされなくなるのだ。

新入社員は早く新人扱いから脱出したいと思っている。そのための教育や先輩社員や上司から日々教えを請うている。しかし、「どのレベルを第一ステップとしていいのかわからない」ということが多く見られる。「あそこが、とりあえずのゴールだから」と明確に示してあげることで、新人たちはそこにめがけて走り始めるのだ。

話を元に戻すと、「まわりの目を意識しながら、結果を出し続けること」が一般社員の頃の必須事項である。

Summary

- 仕事を身につけるとともに精神力を鍛えよ
- 自社独自の〝一人前〟の定義を明確に

一般社員時代②
現場社員との語らい　～本当のリーダーシップを身につける時～

後継者として、この時期に行いたいことの中で、最も重要なことは、「現場従業員と語り合う」ということだ。ドラマ『華麗なる一族』（TBS）で木村拓哉扮する万俵鉄平が、従業員食堂で汚れた作業着を着た現場社員と一緒に食事を取り、語り合うシーンがあるが、あのような時間を取りたい。

御曹司であるキムタクは他の従業員と一緒にどんぶり茶碗を持って口にかき込んで、「こんなご飯が一番うまい」と言う。このドラマではとても人望の厚い専務役を演じていた（悲しい結末だったが……）。

ランチも終業後の一杯も社員を誘って食事をしながら語り合い、時間を共有したい。時間とお金の許す限り、自然な形での会食を行いたい。誘われた相手からすると、経営一族の子息ということで身構えるであろうが、最初は仕方がないとしても、しだいにフランクな関係を築きたいものだ。

そのためにも、「全額自分が支払って領収書を受け取る」というスタイルはやめておきたい。しかし、これができている後継者は少ないのではないか。役員にもなっていない状況で給与も少なく資金的には大変だから「つい領収書」、となりがちである。後継者であろうがなかろうが、平社員が領収書をもらって社員たちと会食できる立場にはない。こういったケジメはしっかりとつけていなければならない。

同世代の方とならワリカン、年下と一緒なら自分が多めに支払う、という程度にとどめておいたほうがいいだろう。

会食をする場所についてであるが、〝ワリカン〟が基本であるから、相手と自分の懐具合を鑑みて選ぶのがよい。具体的には夜の場合、会社の近くの居酒屋というところだろうか。この時期に徹底的に現場社員、特に同世代社員と語り合い、〝この会社をさらに発展させる〟という熱き想いを分かち合うことが重要であろう。

時折、中小企業の後継者に見かけることであるが、現場社員とほとんど関わりを持たず、とても他人行儀で接し、「従業員とは、立場が違うのだ」という風をふかしている方もいらっしゃる。これは最もいただけないパターンだ。

例えば、学歴などからして育ってきた環境が違うかもしれない。これまでの交友関係もまったく異なるかもしれない。日々の話題が違うかもしれない。しかし、後継者はその企業の社長になるのだ。いまいる従業員達を引っ張っていく立場になるのだ。

この事実は変わりない。そうだとすると、一般従業員の支持が得られなければ、決してその会社が順調にいくとは思えないし、まして発展なんてあり得ない。このタイプの方は、これまで（学生時代、前職時代）の知人との交流が中心だったり、地域の若手経営者中心の集まりであるJC（日本青年会議所）の方々との交流が中心だったりする。そして、居酒屋ではなく社長の子息ご用達の高級な店に向かう。その後はお姉さまがいらっしゃるお店に……。もちろんすべて領収書をもらうことは忘れない。

このような日々を送られる後継者も多くいる。そう、このような日々は楽しいのである。20歳代後半から30歳代半ばくらいまでが、このような交流が一番楽しい時期なのだろう。これまでのお付き合いの範囲でのことだが、たいていの後継者が35歳くらいからそういったことがつまらなくなった、と語っている。

私はいままで、リーダーシップのことについてアドバイスを求められることもあり、自らもコンサルタントを取りまとめるリーダーとして、〝リーダーシップの本質は何か〟を幾度も考えさせられた。今の会社に勤務して3年目、29歳の時にはじめて管理職となった時、それまで人を引っ張ってきた経験もなく、ましてや興味がなかった私は大いにとまどった。

しかし、会社から拝命されたからには何とかせねばならなかった。苦い経験を何度もした。いまだに苦手なことなのだが、ひとつだけ、「これは間違いない」と言えることがある。クライアント企業でのことや自身の体験から、導き出したものだ。

それは、「成功しているリーダーは、メンバーのことを尊敬している」ということだ。構成するメンバーの長所を見つけること、そして行動や言動をできる限り尊重して接することだ。そのためにも多くの時間をメンバーと接することが重要になる。

後継者の中には、現場社員との交わりを持つことを嫌う方もいらっしゃる。「話すことがない。話題がない……」などと言われる。そして連れ立って飲みに行くこともない。しかし、このままで将来会社を背負っていけるのだろうか、そんな疑問が湧く。

これまで幾度もこういった二代目経営者を見かけた。かなりクレバーでリーダーとしての牽引力もあるのだが、社員との接し方がなんとなくよそよそしい。それは、社員に対する尊敬の眼差しが欠けていることが原因と感じられた。

経営者になってからでは、こういったクセを矯正することは難しい。従業員達も「いまさら……」となってしまう。手遅れにならぬよう、一般社員の頃から現場従業員と積極的に交流を持とう。そうすれば、経営者に就任した時に必ず味方になってくれることだろう。

Summary

・一日も早く仕事をマスターせよ
・現場社員と徹底的に語り合え
・外部の人との会食1に対して社員との会食3以上の割合で

現場部門で成果を出す必要性

入社して、どのような部門に配属される方が多いのだろう。経営の中枢を担い、社長をサポートする部署に行く人も見かけるが、これまで私が見てきた中では、従業員が最も多い部署（主力部門）に配属されることが一般的ではないかと思う。

例えば不動産会社で従業員が最も多いのは、一般のお客様と接する営業担当である。その企業の収益を支える部門、その企業に入社した人の大半がまず配属される職種に属することが望ましい。将来の社長予定者だから、主力部署を知らねば、社長にはなれない。

そして、少なくとも3年間この業務に就いて〝一流〟と言われるくらいの実績を残す必要がある。これは必須のことだ。そうでなければ現場社員はついてこないし、お飾りの社長になってしまう。

会社の実権を握っているのは営業部長だ、というような企業のコンサルティングを請け負ったことがあるが、従業員は社長よりも営業部長である役員の方ばかり見て仕事をしていた。社長もそのことをわかっており、この役員の顔色をうかがいながら経営幹部たちとの会議に臨んでいた。これでは会社は成長しない。この社長の場合、現場をまったく経験しておらず、いきなり先代の後を継いだ社長だった。

一方で、「後継者は一切ライン業務（主体業務）に就かせるべきではない」とする年配コンサルタントの意見もある。これは、銀行勤務経験者の方や税理士などお金に関する業務から経営アドバイザーになった方々に多い。中小企業において社員は、多く業務を兼務し全体を把握したゼネラリストになることが求められるから、もちろん社長も業務全般を理解しておくことはもちろん、自らこなせるようにならねばならない。

Summary

・後継者は一般社員時代に圧倒的な成果を出せ

社長としての資質とは何だ

入社してから役員など経営幹部になるまでに必ず身につけなければならないこととして、〝経営者としての資質を身につける〟ことがあげられる。

では、〝経営者としての資質〟とはどんなことだろう。このことには色々な見解があると思われるが、ここでは私がこれまでにコンサルティングの現場で接してきた、業績を伸ばしている二代目経営者の共通項目3点をあげてみたい。

①勉強好きであること

このことは二代目社長に限らず、すべてのビジネスマンに共通して言えることである。そして、次の2つのことを含んでいる。ひとつ目は、自らの知らないことを知りたいというあくなき好奇心を持ち続ける必要があるということ。2つ目は、インプットの必要性を理解しているということ。これは日々の仕事の多くはアウトプットの連続で、そればかりの毎日だと蓄えがなくなっていくと考えたほうがよい。

仕事を行うことで経験値が上がり、そのことで仕事のスピードは増し、レベルも上がってくることから、〝仕事をすることは勉強することだ〟という方もいるが、私はそうだとは思えない。仕事し続けることは、自らの蓄えを使う行為だ、と考えるくらいがちょうどいいと思う。だからこそ減った分、加えなければならない。経験や経験からくる勘で仕事をこなす年配の方々を見ていると、少し残念な気分になることがある。

具体的には、直接ビジネスに関係のない本を読んだり、セミナーに出かけたり資格をとったりするなど、さまざまなことが考えられる。

ここで、親しくしている二代目経営者の方の実例をあげておきたい。大学卒業後、某大手企業に入社したが、その後海外の大学院に進学し卒業後、実家企業に入社した。そして数年前から社長に就任した。現在でも年間に数本の放送大学の講座を受講している。

「放送大学は学費がほとんどかからないのに、講師は超一流。こんなにすばらしい大学はない。受講したい講座を年間何本か選んで真剣に講義を聞いています」と言う。さらに近年、宅建試験を受験し1回で合格した。地方主要都市の企業であるが、定期的に東京へ出張し、海外への渡航も多い。県からいくつかの諮問委員を拝命され、そちらでも活躍されている。

多くの経営者・ビジネスマンを見ていると、忙しい方ほど勉強し、仕事以外の分野でも活躍されているようだ。また、このような方は例外なく、スポーツジムに通ったり毎日ランニングしたりして健康にも気を遣っている。

また、ある四代目経営者は、大学を卒業後いったん企業に就職し、実家企業に戻ってきた。それから数年後社長に就任、そしてその数年後に母校の大学院に入学しMBAを取得した。その時の論文の内容は、自らの会社の展望だった。そしてさらに数年後、同一地域にある国立大学の大学院に入学しこちらでも研究を重ねた。

その方は、「週に2、3回大学に通っていた。時間を決めて、勉強をした。すると一週間がリズムよくすすみ、仕事の手は一切抜かないどころか、大学院に通っていたほうが、仕事がはかどっていた」と話している。彼が二度目に大学院に入学した時はすでに40歳を超えていた。そして、現在50歳を超えたが、60歳までには会社は後継者に引き継ぎ、自分は博士課程に進学し、ドクター（博士号）を取得したいと考えている。

②週間でルーティン化した日々を過ごすクセづけ

このことはある上場企業の社長から学んだことである。この会社とはコンサルティング契約を交わしており、週1回程度訪問することになっていた。毎月はじめに次月のミーティング日を決めていた。互いにその都度予定を合わせていたのだが、ある週は月曜日の10時から、ある週は水曜日の17時からなどとまちまちだった。

しかし、ある時社長は「これから、曜日と時間を固定しよう」と提案してきた。続けて、「私は、ほとんどのことを週単位で曜日や時間を定型化している。仕事でもプライベートでも。その空いた時間に定型以外の予定を埋めていく。次は何をするのかいちいち考えず、行動できる。これはとても効率的である」とおっしゃった。

この会社は創業10年足らずで上場したのだが、確かにこの社長はとてもケジメある毎日を送られていた。そして、「忙しい毎日を過ごすあなたにも、ぜひおすすめしたい」とおっしゃられた。なるほどと思い、それ以来私もできる限り実践している。

週間の行動をあえてルーティン化してしまう。すると、〝パブロフの犬〟のように自然に体が動く。スケジュール管理やアポイントの設定もとても楽である。そしてその一つひとつを密度の濃いものにしていくことに専念できる。この繰り返しで充実した毎日を送ることが可能になるのだ。

そして、適宜その内容（週間ルーティン）を進化させていく。その際にはそれまでより中身の濃いルーティン内容になるはずだ。こうすることで、仕事の成果を出し続けることができ、大きな成長が約束されるのではないだろうか。

③ツキの原則の理解

年配の経営者やビジネス書を何冊も書いている大家と呼ばれる方々は、「ツキこそすべて」「ツキの管理」「運を味方に」などということをよく口にしている。私は20歳代の頃には、失礼ながら「年寄りの戯言（たわごと）」という風で聞き流していた。

しかし、船井総合研究所に入社し、創業者である船井幸雄会長がいつも会議などでおっしゃられていたので、さすがに自らの会社の創業者の発言であるから、メモをとり〝ツキの原則〟を実践するように心がけていた。

そして、心にしっくりと落ちたのは、あるセミナーで「脳とツキの関係」という理論を聞いた時だった。〝ツキ〟や〝運〟といった感覚的なことを感覚で捉えようとすることにムリがあるのではないか、こうしたことを理屈で理論的に考えると、驚くほど納得できるのである。

改めて述べることではないが、人間は自分の行動を脳が判断し、脳が指示を出して行っている。つまり、心地よく行動している状況とは、脳も心地よい状態にある。逆に脳が心地よい状態にあらねば、その行動は心地よくないということになる。〝ツキの原則〟を知り実践することで脳が心地よくなり、仕事をしている時間がとても快適なものになる。

多くの経営者や企業経営幹部の方とお会いして気づくことは、これらの方々が意識してか無意識にか、〝ツキの原則〟を実践しているということだ。〝ツキの原則〟の具体的な内容は、我社の創業者である船井幸雄最高顧問の著書や株式会社サンリ代表取締役西田文郎氏が書かれた著書に詳しい。詳しくはそちらに譲りたいが、ここでは私が出会った方々が実践されていた原則のうち2つを紹介したい。これらのことは私も実践を心がけている。

①ツイている人と親しくなる

ツキは伝播するものであるから、ツイている人と接していると自然にツイてくる。逆にツイていない人といると自然にツキが逃げていく。こういったことを西田氏は〝ツキの管理〟と言っている。多くのツイている経営者を見て気づくことは、ツイていない方と接することをやんわりと交わしているということだ。

②必然・必要・ベストの考え方

仕事上でもプライベートにおいても、毎日さまざまなことが起こる。うれしいこともあればつらいこともあるだろう。船井会長は、「あなたの身のまわりに起こっていることは、すべて必然性があり、起こったことはすべて後々必要なことであり、起こったことはベストなのである」と説いた。

Summary

・常にインプット、常に勉強あるのみ
・毎日を週単位でルーティン化せよ
・〝ツキの管理〟を実践せよ

役員に就任　～ここが一番の勝負どころ～

私がコンサルティング現場で見た経験では、後継予定者が入社後どのくらいで役員に就任するかは、企業やその人によってまちまちである。入社した時は平社員と似たような業務であるが、役員に就く頃になると重要な任務を任される。しかし、一般的には30歳代に入ってからだろう。

時折、中規模の会社において、20歳代で早くも役員になっているケースを見かける。まだあどけなさが残る表情で、「どこまで責任を持って仕事をしているのか」と尋ねてみたくなる発言をされて驚くことがある。また、１００人を超える従業員達はこの若者を〝役員〟として見ているのか、という疑問を持つこともある。従業員が数人のまさに家業という規模ならいざ知らず、１００人を超える規模で、「それはないだろう」と思う。やはり30歳代半ばというのがこの規模では最低年齢だろう。

従業員たちも経営幹部の顔ぶれを見て、ある程度は理解して職に就いたのだろうけれども、「この会社に長くいても、社長はおろか役員になることも難しいだろうな」と思って仕事をしている。やはり対外的にも対内的にも見た目（年齢）は考慮したほうがいいだろう。かつてコンサルティングした代々続く同族企業（現在五代目）では、35歳までは役員にせず、社長になるのは45歳以上という不文律があるそうだ。

企業役員の業務は、社内の部門責任者として部門の執務責任を負い、その部門をまとめ業務を推進するといういわば大企業における執行役が主になる。さらに企業の〝顔〟として社外の人々と交流を図り、そのことで企業知名度やブランド力をあげ、そこでの交流から新しい仕事を生むという社長を補佐する活動も重要である。

この対外的な交流活動の一部分を、社長が役員となった息子に業務委譲することができれば、社長は業務負担が減るし、息子に跡を継がせようという決心もつきやすい。

若くして役員になった後継予定者の中にはこういったことを苦手としている方が多いようだ。年齢が離れ、話題も異なる中でどう振る舞えばよいかわからず、何を話そうか迷ってしまう。これでは役員業務の大きなひとつを果たしていない、ということになる。

しかし、就任した以上、この任務を無難にこなさなければならない。このコツは〝とにかく聞くこと〟これに尽きる。年配者は若者に説教をしたい生き物なのだ。自分が何を話そうかを考えるよりも、どんなことが聞けるのかわくわくして交流の場面に臨みたい。

ほとんどの従業員は経営者の息子が役員に就任した時に、〝この人が数年後に社長になるんだな〟と実感する。そして、多くの方が〝同属経営の中小企業だから仕方ない〟と思い、〝現社長は尊敬していたからここまで勤めていたけれど、次はどうなることやら〟と不安を抱く。

この思いは後継予定者本人にもひしひしと伝わってくるだろう。そう、役員に就任するということは、社長が全従業員に対して、〝息子を跡継ぎにする〟と宣言したことに等しい。そして、後継予定者にとってはここから社長就任までが大きな勝負どころなのだ。

役員になり、社長になる前に経験したいもうひとつのこととして、先に述べたようにその会社の基幹ライン業務はもちろんのこと、財務や経理といった企業のいわば血液を携わる業務は経験しておきたい。

後述するが、お金に関する業務を、自らはタッチせず親族（たいてい社長夫人や母親）に任せっきりの企業を中小零細企業でよく見かける。ここが中小零細に留まる企業と、発展するベンチャー企業の大きな違いであり、日本を支えてきたと言われた中小企業が衰退していく一因だと思う。社長がたとえ数字が苦手でも家人に任せるのはよくない。

苦手意識のある人は、最初から「めんどう」「難しそう」と食わず嫌いの傾向がある。めんどうなだけで、何も特殊な勉強が必要なわけでも難易度が高いわけでもない。苦手意識を克服して自ら行った経験が後々活きてくる。もちろん、社長に就任した際に、社長が自ら行うわけではないので、専門家になる必要はない。信頼のできる経理担当者を（外部から）採用して業務に当たらせればいい。

Summary

- 役員の時が一番の勝負どころ
- 積極的に社外に向けて顔を売る
- 社内業務の中でも間接部門も経験する

父の経営手法を学ぶ

この時期において、父である現在の社長とはどのように関わりを持っていればいいのだろうか。これまで出会った後継経営者を見ていると完全に二分される。

父に寄り添い社長をサポートする傍ら父から帝王学を学ぶタイプと、あまり父親と関わらず与えられた業務をこなし、あるいは新しい世界を切り拓いていくタイプである。

一方社長も、積極的に息子に意見し関わるタイプと、ほとんど口出しせず重要なことや場面でのみ口を挟むというタイプに分かれる。どちらがいいのかは、その企業によりけりなのだろう。あまり関わらないタイプの父親は、「次の社長は息子だから、彼にも個性があるのだからそれを活かし、好きなようにすることが一番だ」という考え方のようだ。

しかし、後継者の立場に立つと、私は社長である父親と積極的に関わることのほうがいいと考えている。その理由として、会社経営を引き継ぐ時には、父親が社長の時から活躍している幹部社員はそのまま幹部社員として残ることがほとんどだからだ。

「これからは、息子が社長となり、この会社を引き継ぐことになった。息子が社長になると、あなたたちのような古参社員がいるとやりにくいだろうから、オレと一緒に引退してくれ」という社長はまずいない。当然これらの社員にも家庭も生活もあるのだからそんなことはできない。

そうすると、先に述べたように、代が替わったからといって新しい社長（後継者）の個性を丸出しにした会社に急に変わることはない。つまり、先代の経営手法を継承することになる。独自の経営手法は、年月をかけて少しずつ導入することになる。

こうして考えると、父親の経営手法を肌で感じ理解していないと、引き継いでからの会社運営がとても難しくなる。これまでを否定などすると社内に摩擦を生み、会社の業績悪化につながりかねない。父親は、跡を継がせる気があるのなら、後継予定者である息子に対し、行動で示し、かつ言葉で〝この会社における社長のあり方〟を教える必要がある。そして、後継者は自らが跡を継ぐ決心ができたならば、すすんで父親である現社長から経営のイロハを学ぶ必要がある。

その具体的な方法としては、古典的であるが〝かばん持ち〟的な方法が最もいいと思う。ある一定期間、どこに行くのにもついていき、社長である父の言動や日々の振る舞いなどをじっくりと味わいながら感じ取っていきたい。世代が違い置かれている環境が違う父の行動を素直に肯定的に受け取るのは難しいかもしれない。しかし、後を継ぐ者としてこの業務は必須である。

Summary
・徹底的に社長の経営手法を真似る
・社長の〝かばん持ち〟も一定期間してもよい

同じ境遇の人とのつながり

本章の最初に述べたように、後継者は自然と同じような境遇の方と交流を持ち始める。特に地方都市の場合、たいていＪＣに加入することが多いから、そこで交流を持つことになる。入会後何年かすると、何かしらの役がまわってきて、仕事をしながらＪＣのために出張に出かけたり、会合を運営したり、何かと忙しくなる。中にはどちらが本業かわからなくなってしまう方もいる。さらには地域ＪＣ代表者や幹部になると通常業務がままならない日々が続く、と聞く。

その関係性の中から仕事につながることももちろんあるだろう。また、先輩後継経営者から学ぶことも多いだろう。しかし、私は「こういった活動はほどほどに」とアドバイスしている。ところがいったん入会するとそういうわけには行かないようだ。また、同じような境遇の方が多いから、「あの人もそうだから……」と言い訳してしまいがちだ。こうした行動には、けじめをつけていきたいものだ。

私が積極的におすすめしているのは、商圏エリアの異なる（他地域など）同業他社で同じ境遇の方と接点を持つことだ。私も自らが関係する後継予定者の方々を、このように結びつけることにしている。まったく異なる地域で同業を営み、同じ境遇にある方々は年齢も近いこともあり、最初は私が会話の潤滑油となるように努めるのだが、しだいに積極的な会話が繰り広げられる。

やはり、同じ悩みを持ち合う者同士なのだろうか、話は尽きないようだ。とてもほほえましい状況となり、私はそっとお暇する。こういう関係であると、頻繁に会うという関係にならず、出張などのついでに会ったりメールや電話の間柄になり、とても効率がよい。

Summary

・同じ境遇の方と接する機会を多く持つ

3章

社長就任3年以内にすること

社長は見た目も大事

これまでのことを踏まえて、改めて社長に就任する日について考えてみよう。

社長に就任した朝、どんな気持ちで自宅を出発するのだろう。私は自分自身が社長になった経験がないから、その心境を経験したことはないが、おそらく一番お気に入りのスーツを着て〝ここ一番〟のネクタイを締めて、〝やってやるぞ〟という前向きな気持ちで自宅を出ることだろう。

社長になると、それまでの企業ナンバー2の立場と比べて格段に違う責任を負うことになるが、その一方で会社におけるすべての権限を握ることになる。また、さまざまなところから入ってくる情報もまったく異なると聞く。社長になると大きな世界が広がることになるのだ。

しかし、二代目社長が先代から引き継いだ直後というのは、さまざまな問題が散らばっている。それを整理し解決していかねば、社長としてのダイナミックな毎日を過ごすことができない。

しかし、就任した朝の感覚は忘れられないものに違いない。その朝、新社長はどんな服装で出勤するのだろうか。

社長は服装には常に気を遣わなければいけない。従業員からも取引先からも常に見られている。「あの社長はおしゃれだ」とまでは言われなくても、最低限「見た目に気を遣っている人」という印象を出会う人々に与えたい。

髪型からスーツ、シャツ、靴、またはカジュアルな場面に至るまで、社長にふさわしい身なりが必須だ。新卒採用についてアドバイスを行う企業の社長は、依頼を受けた会社の社長と面談をした時に、その社長の身なりが〝あまり気を遣っていないな〟と判断すると、社長の服装が学生向けの説明会での社長講演の印象が大きく変わり、採用エントリー数に影響するから、「きちんとしてください」とその場で言うそうだ。

そして、美容室やアパレルショップをご紹介している。私もこの方にご紹介いただいた美容室に毎月お世話になっているが、そこは多くの著名企業の社長がひいきにしており、時々顔を合わせ、ご紹介いただく。この店のオーナーでトップスタイリストの方と話していると、たいしたことない外見である私でさえもなんだか自信が湧いてくる。今月も〝イケテル〟自分でいよう、そんな思いがよぎる。髪の毛を整えてもらいながら、自信ももらっていると言ってもよい。

こうしたことは、業績にも影響してくる。これまでベンチャー企業から東証1部上場企業まで多くの社長とお会いしてきたが、成長し続ける企業経営者は例外なく〝身なり〟に気を遣っている。女性にモテるためではなく、従業員や取引先などに好印象を与えるためで、それは〝社長の自信〟にもつながっていくのだ。

Summary

- 社長の外見は多くの人々に見られている。その意識を忘れるな
- 外見への気遣いは自分自身への自信へとつながる

多くの企業は創業後30年以内になくなる？
～産業ライフサイクル論と経営のバトンタッチ～

〝企業の寿命は30年間である〟という評論家は多い。創業時には「この事業は、これから成長するに違いない」と思って起業するはずである。しかし、それから30年経てばたいてい、その産業のピークを過ぎているであろう。

産業のライフサイクル論という考え方がある。ある産業が発生してから安定・衰退していく過程を論じたものである。産業が発生する勃興期（導入期）、新たに参入・起業する会社が増える成長期、産業が世間に幅広く認知される成熟期、この頃にピークを迎える。そして、やや後退しながらもあるレベルで横ばいとなり、そこで安定路線を歩む（安定期）。あるいは、衰退していく産業もあるだろう。

永続的な成長をし続ける企業は、成長期にしっかりと収益を上げ、成熟期に該当事業での業界内・商圏内地位を確保する。そして成熟期の間に新たなビジネスに投資をし、次世代の中心となる事業を育てようとする。ひとつだけでなく複数の事業に参入しさまざまな可能性を探っている。こうしてリスクを低減するのだ。そうして会社を時流適応させていくことを真剣に考える。

しかし、このような考えを持たず、現在の事業に固執してしまい、時流の変化を捉えきれず、事業内容を時流適応させることができない企業が多いのが現実だ。そうして、ずるずる業績が悪化していく。景気が悪い、従業員が悪いと嘆き、実は経営者が次なる戦略を描けていないにもかかわらず、そのことは棚にあげている。そしてついに、残念な結末が待っているということもある。

産業のライフサイクルは、導入期から安定期にはいるまでの期間が約20年〜30年くらいのことが多いことから、30年説が唱えられている。いまでは確実にその期間は短くなっている。産業の進度が速くなっているからだ。いいことか悪いことかはわかりかねるが、このことが資本主義社会の終焉を早めることは間違いない。

創業者は、創業して平均何年後に後継者にバトンタッチするのかは知り得ないが、30歳代～40歳代前半くらいで創業し60歳代前半で譲るとして、創業25年～30年くらいで社長の座を譲るのではないか。そうすると、多くの企業は産業のライフサイクルにおいてピークを過ぎた頃にバトンタッチすることになる。

つまり経営が一筋縄ではいかない状況で引き継ぐ。これは、創業者とはまったく異なった状況での引き継ぎということになる。そう、二代目経営者は大変な任務なのである。創業者は大変な思いをして会社経営を軌道に乗せなければならない。二代目経営者はそれとは異なった、経営の難しさがある。これを「楽しいこと」と捉えるか、「厳しいこと」と捉えるかは、後を継いだ経営者しだいである。

繰り返しになるが、一般的な二代目経営者が受け継ぐ企業は、創業時から同じ事業をしているとするならば（さまざまな新しい事業を興していると別であるが）、産業としてピークを過ぎた企業を受け継ぐことになる。そうすると、会社が業界内や商圏内において一定の地位を築いているかどうかにかかわらず、多くの場合、逆風が吹く中での経営となる。我々経営コンサルタントはそれをサポートする役割だが、時流に乗っていない事業を展開する企業の場合は、難易度の高いコンサルティングになる。

住宅産業を例にすると、1990年代後半から2002年頃にかけてリフォームビジネス参入のブームがあった。大手企業が本格参入する前であったし、消費者も〝これからはスクラップアンドビルドよりも、大切に長く使う〟という志向に大きく傾き始めた。それは同時に、各都市に多く存在した中小工務店が住宅建設だけでは経営が成り立たなくなる始まりでもあった。

このような状況から多くの中小建築系会社がリフォーム事業に参入し始めた。それを決断した経営者の中には多くの二代目経営者もいた。高度経済成長の最中に創業された企業の跡取り息子たちであった。

そして、それらの企業の多くは住宅リフォーム事業を軌道に乗せることができた。それはもちろん経営者をはじめ従業員ががんばったからである。そして、時流に適応したビジネスでもあったのだ。このように、多くの産業における代替わりの時期は、時を同じくしてその産業の衰退期（安定期とも言える）である。そうだとすると、後継者は次の時代を担う新たなビジネスを立ち上げて軌道に乗せる必要がある。もちろん、その新ビジネスは既存ビジネスで培ったノウハウや実績が活かせるものでなければならない。

Summary

- 二代目経営者は新規ビジネスの立ち上げをしなければならないことが多い
- 新規ビジネスは時流適応が求められる
- 既存事業での経験を活かした新ビジネスがうまくいく

現在の企業運営をしながら新しい展開をする難しさ

前項で、代替わりの時期には新たなビジネス立ち上げの必要性を述べた。このような点においては創業経営者と同じだとも言える。しかし、二代目経営者の場合はそう簡単ではない。創業経営者は何もないところから裸一貫で事業を興すが、後継経営者はそうではない。既存の事業を継続しながら新たな事業を興し、軌道に乗せる必要があるのだ。これまでコンサルティングの現場で見た中でも、これは結構大変なことだ。

そこで、具体的なノウハウをお伝えしておきたい。ここでは中小企業～中堅企業をイメージして述べていく。まず第一に、新規事業は自らが責任者として行うこと。新規事業の立ち上げ時は、その場で決断を下さねばならないことが多い。また、はじめてのことばかりで判断に困ることも頻繁に起こる。そのような責任ある業務の重圧に、逃げずに耐え得る社員が、果たしているだろうか。こう考えると自らが行うのが最もよい。

次に、既存事業であるが、こちらを責任感のある幹部社員に任せるのがいいと考える。こちらは、切り拓いていくのではなく、これまで行ってきたことの延長線上にあるか、これまでのアレンジで考えればいいことがほとんどだ。ここには、日常業務の範囲では、大きな決断はないと言っていいだろう。しかし、たとえ古参幹部社員でも責任感のない人材はこの立場に向いていない。任せるのは、今後あなたの右腕となることを期待する方にお願いするとよい。

最後に重要なことは、一度任せたら、あまり多くを口出ししないことである。もちろん経営者として報告を受け、そのことに対するレスポンスを出すとしても、目標とするもの

（例えば実績数字など）を確認する程度にしておいたほうがいい。つい、自らが動きたくなる瞬間があると思うが、そこはじっと我慢しなければならない。

Summary

- 新規事業は自ら先頭に立って行う
- 既存事業を信頼して任せられる人材づくりが必要
- 任せたら、完全に任せきる勇気が必須

先代社長の役割

新任社長が解決しなければならない問題はたくさんある。その中でも重要かつ厄介な問題が、先代社長の役割を決めることである。社長を引き継ぐ際に、ポジションは決まっているはずであるが、実際はその肩書きとは異なり、大きな影響力を持ち続ける方が多いようだ。先代社長が日々どんな業務を行い、どのように経営に影響を持つか、などは考えなければならない。

中には社長を息子に引き継ぐ際にきれいさっぱり現役を引退される方もいて、この潔さには賛否両論ある。しかし、多くの方は代表権を持つ会長として残っているのが現実だろう。いきなり引退をするためには、引き継ぐまでの期間を十分に取る必要があるが、たとえ後継者を指名してから十分な期間を取ったとしても、それまでの社長業務を一気に後継者社長がこなすことができるわけではない。そう考えると、(2年くらいが適当だと思うが)期間を決めて代表権を持たない会長職を任せるのが妥当ではないだろうか。

ここで重要なことは、

①どんな肩書きを持ってもらうかを引き継ぐ前に決めておくこと
②その肩書きで働いてもらう期間を決めること
③何を主な業務内容とするのかを決めること

この3つである。このことを明確にし、一刻も早くその体制を固めるように努めなければならない。

しかし、私がコンサルティングの現場で見てきた実例でも、これがなかなかうまくいかず、結構な時間がかかることが多い。社員がこれまでの体制の感覚を引きずっているから、ということが原因のひとつだ。二代目社長の誕生は、従業員にとってはじめての社長交代であり戸惑いが大きい。

また、二代目社長ということは、先代社長は創業者である。その会社を興した〝偉大なる〟方が退任して新しい社長になるのだ。中小企業はもちろん大手企業においてもほとんどすべての創業者は、20年以上の間社長を務めてきたから、長年続いた体制が急に変わることは、現実的には難しい。

この現実に対して（後継社長は想定をしているだろうが）、やる気とのギャップを感じる。ここで、重要なことは〝焦らないこと〟。一つひとつたとえ小さなことでもいいから確実に成果を収め、徐々に求心力を高めていくように努めることだ。

ある企業での実例であるが、後継者が社長に就任して以来、有り余るやる気を前面に出し、それこそ寝る時間を削って仕事をした。社員に対しても自らと同じようなテンションを求め、そうでないと「やる気のないやつだ。オレの代では、やる気のないやつは辞めさせる」などと従業員に言っていた。

ところがこの社長は、自らの体に変調をきたすようになり、加えて幹部を中心に従業員が辞めていってしまった。気持ちが空まわりしてしまい、社内から信任を得ないような状況で、あまりに勢いよくがんばり過ぎたのが原因だ。この状況を打開するのには、数年間もかかってしまった。何事も最初が肝心なのであるが、状況をよく見定めた上で行動に移したい。

さて、社長を子息に譲った先代社長について少し考えてみよう。先に述べたように、新社長との間で役割分担を明確にしたのであるから、その業務領域に邁進すべきである。経験の浅い新しい社長の仕事ぶりは、永く社長を務めた方から見ればとても稚拙に見えることが多いものだ。

しかし、ここで口出しをしたり、実際に助けるために自らが行動に移すようなことをしてはいけない。よほどのことでなければ、〝失敗してから気づく〟ことも多いわけであるから、ここは〝ぐっと〟我慢をしているべきだ。これこそが真の後継社長の育成にほかならない。

かつて、ある会社の創業社長にこのようなアドバイスをしたところ、「私は仕事一筋で生きてきました。社長を譲り、会長としても期間を決められてそのうち退職することになるのでしょう。これから何を生きがいに生きていけばいいのか……」というような趣旨のことを言われたことがある。

私の父はサラリーマンであったし、育ってきた過程においては経営者（自営業者）を近くで見る環境になかった。そんな環境からいまの経営コンサルタントという仕事に就いた時には大きな戸惑いがあった。

先の社長の〝これから何を生きがいにすればいいのか〟という発言を聞いた時も同じように戸惑いがあった。仕事こそが生きがいで、特に趣味と言えることもない。企業を自ら興した方というのはそういったマインドなのだ、生き方そのものの中心が仕事なのだ、ということを改めて認識した。

つまり、ひとつ間違えると〝生きがいを奪う〟ということになってしまうのだ。これではいけないと考え、この企業においては、別の会社をつくり（つまり子会社）、創業社長にはこの経営を任せることになった。その子会社において人材を採用して順調に会社を運営されていた。この一連のことで後継社長は相当頭を悩ませていた。

創業社長の中には、「息子に経営を譲ったら、ゆっくり自分のしたいことをする。〇〇をしてみたいと思っているんだ」という話を何度も聞いてきた。しかし、その通り〝すぱっ〟と一線を引いた方はほとんど見かけない。

このようなことから考えても、創業経営者の性分なのだろう。後継経営者はそのことを踏まえて経営を引き継がねばならない。

Summary

・社長の退任後の役割をあらかじめ決めておく
・創業者はいつまでも仕事が生きがい

「引き継ぐもの」と「改革するもの」の区別

社長に就任して最初に考えるべきことは、先代が行ってきたこれまでの経営（事業）の中で「そのまま継続すること」と「改革すること」「やめる」ことを明確に区別することだ。もちろん、きっちりと決めることはできないかもしれないが、その方向性を明確にすることの意義は大きい。これまでに何度か述べたように、創業してから数十年経っている企業において、その事業内容はすでに産業のライフサイクル上において、ピークを過ぎているものが多い。

経営の基本は「時流適応」と「一番化」であるから、商圏内で一番のシェアを取れていない場合、そのビジネスが時流適応していないとその後の発展は厳しい。そこに企業のヒト・モノ・カネという資源を投入するのは経営効率が悪い。

もし、その事業を拡大させないのならば、それに変わる新たなビジネスを立ち上げる必要がある。ここで重要なことは、先に述べたような経営戦略と呼べるものを固め、それを経営計画書のような形でまとめ、就任後できるだけ早く内外に発表することだ。

大手企業では当たり前のように存在する経営計画書であるが、中堅より規模の小さい会社で見かけることはあまりない。しかし、安定的に成長している中小企業においては、社長がじっくりと練り、しっかりとした経営計画書を作成し従業員に伝えている。「我社はこのような方向を向いて経営していきます。今後数年間はこのような数字や状況を目標にしていきますよ」ということを明確にするのだ。

私がまだ駆け出しのコンサルタントであった頃から、現在でも親しくさせていただいているある年配二代目経営者の方は「経営計画書がなくて経営はできない。先代の頃は、そんなものがなかった。だから従業員たちは会社がどこに向かっているのか不安だっただろう。私の代になって20年近く経ちますが、私は就任1年目からずっと発表していますよ」とおっしゃっていた。

余談ではあるが、この企業はプロパンガスや米穀業などを手広く扱う老舗企業で、私が船井総合研究所に入社して1年も経っていない頃から、月に一度の割合で訪問していた。

そして、私なりに真剣にコンサルティングしていた。半年くらい経った頃にこの社長から「君はこの仕事が向いていると思う。適切な意見をはっきりと言う。将来大物になるよ」と言ってくださり、まだ自信のなかった私であるが、この仕事をがんばっていこうと決心した。その言葉を信じてこれまでやってきたと言える。どういう意味での大物かはわからないが（いまだに〝大物〟とは言えないが）、この仕事を天職と言い聞かせて楽しんでいる。

経営計画書にどんなことを書くかについては、多くの書籍が発行されているからそちらに譲るとする。しかし、時代＝時流の変化とともに変えていくものと時代の変化にかかわらず変えないもの（つまりどんな時も守り抜くもの、やり続けること）をはっきりさせることが何より重要であり、かつこのことを明確に規定できるのは二代目経営者だけだ。

Summary

・社長に就任したらまず経営計画書をつくり発表する

成長する「二代目経営者」としての心構え

先代社長から受け継いだ会社を成長させるか、させないかは当然のことながら後継社長の力量で決まる。多くの著名な経営者が言うように、企業は99％トップで決まる。「景気が悪いから業績が悪化した」というのも、時流を読めないトップの責任だ。

これまで、同族企業において二代目、三代目、四代目、五代目社長が経営の舵を取られてきた企業のコンサルティングをさせていただいてきたが、その中でも大きく企業業績に差がつくのは二代目経営者の時代だ。同族企業において二代目経営者がその後の企業の運命を決める、と言ったら言い過ぎだろうか。しかし、そのくらいの心構えが必要だ。

日本の歴史において12世紀後半から19世紀にかけては、武士の覇者が幕府を開くという形で天下が治められてきた。その幕府においては二代将軍というのはあまり目立っていない。これは明らかに父である初代将軍の影響力が強いためで、二代将軍というのは〝飾り〟的なイメージが強い。

しかし、初代将軍は〝代替わり〟の際、自らの一族が代々最高権威者であり続けるようにその引き継ぎ方に頭を悩ませてきた。このように歴史的に見ても初代から二代目への引き継ぎが何よりも難しく、ここで失敗すると取り返しがつかない。

ビジネスの世界においても同様なのだ。初代から二代目の引き継ぎは、創業者・後継者が力を合わせて入念に準備を行い、スムーズに行いたい。二代目を継ぐ方は、〝この企業の勃興は二代目如何である〟ということを肝に銘じなければならない。

代替わりの際には、「どのようにして株式や資産などを継承するか」をアドバイスする税理士事務所や専門コンサルティング会社があり、時にこういったサービスを活用している企業を見かける。「事業継承」と称したセミナーや本などの大半は、「資産継承」についての解説がほとんどだ。

こういったことをきちんと行っていないと、税金をはじめとして後々厄介なことが多いため、代替わりの際に当然行っておくべきことなのだが、それ以上に重要なことは、〝会社運営（経営）をどうスムーズに引き継ぐか〟ということなのだ。このような講演会や書籍は少ない。そこで、社長に就任したばかりの方に、これまで私が行ってきたアドバイスをいくつかここに記載しておきたい。

①就任から1年間はがむしゃらに働き、かつスマートさを演出せよ

就任してから、少なくとも1年間は寝食を忘れてがむしゃらに働きたい。これまで経験

したことのない勢いで仕事に打ち込み、そして経営の勉強に励んでいただきたい。〝毎日の仕事こそが勉強だ〟という方もいらっしゃるが、私は〝仕事は仕事〟として〝勉強は勉強〟として存在するべきだと思っている。もちろん、私自身もそのスタンスで日々過ごしている。この点はとても重要だ。

すなわち、ここでいう勉強とは本を読んだり、セミナーに行ったり、頭と手を動かして知識を身につけるインプット作業である。対して、仕事とは知識を活かして活動するアウトプット業務である。

しかし、その一方で就任してからあまりにも肩に力が入り過ぎて、社内でも家庭でもガツガツし過ぎてしまう方もいらっしゃるようだ。〝オレは一所懸命がんばっているのだぞ〟というオーラを出し、かえってまわりから嫌な顔をされることもあり得る。ここは、一所懸命さをスマートに演出したい。

やることが多くてバタバタしている時こそ、期限が近づいて焦っている時こそ、淡々と顔色を変えずに仕事をこなしていきたい。これはとても大事なことだ。

②できるだけ多くの社員と本音で語れ

これは社長就任前の時点でも重要なこととして指摘したが、社長に就任してからは会社の責任者として従業員とこの企業の未来について熱く語るべきだ。この時は、繕わず本音で話すことが大切だ。

従業員が話しやすい雰囲気をつくり、従業員の生の声に耳を傾けたい。従業員の話は焦らずにとにかくじっくりと聞くことが何よりも重要である。話しをさえぎって、自らの考えや解決策を矢継ぎ早に答えても意味はない。聞く時は、〝聞く〟に徹することだ。

③社内では常に見られている意識を持つ

外見については先に述べた通りであるが、さらに日々の何気ない行動についても、見られている意識を忘れてはいけない。意外と気が緩みがちなのが身内との会話である。

例えば社内にいるかもしれない両親や妻などへの発言である。これは、日頃はとても意識していて、きちんと話しているのだが、突発的な出来事が起こった時など、興奮して我を忘れてしまい、つい家庭での呼び名や話し方になってしまうことをよく見かけた。

これは、社内では絶対行ってはいけないタブーだ。これができる自信のない経営者は身内を社内に入れるべきではない。従業員からすると、「ここは会社だぜ、公私混同だな」と一気にモチベーションが下がる。そして「どこまででも、家業だな」と思われる。これでは企業の発展は望めない。

④先輩経営者と多く交流を持って、多くを学べ

社長に就任すると多くの経営者と交流を持つことになる。また、さまざまな場面で〝すごい〟と言われている企業経営者と出会うこともあるだろう。ここでそうした際の、いくつかのポイントをあげておく。

第一にこうした方々の経営手法を安易に真似するな、ということだ。「こうすればうまく結果が出た」という話を聞いて、すぐにそのまま取り入れようとする若い経営者を見かける。これは、時によくない。その手法を、自社に適用できる形に変換させてから取り入れないと、せっかく学んだことが社内に取り込めない。それどころか、現場が拒否反応を示し、状況が悪化するということもある。安易な取り込みは禁物だ。

次に、業績を伸ばしている社長を安易に敬うのではなく、できれば経営の姿勢や企業のあり方などについて共感できる社長のことを見習うようにしたほうがよい。

これまでに何度も述べてきたことだが、企業経営には波がつき物だ。さらにビジネスには時流というものもある。数年間企業業績がいいと言っても、単なる時流に乗っただけかもしれない。一方で、経営の姿勢や企業の理念などというものは、そう変わるものではない。この普遍的な部分について、多くの先輩経営者の様子を観察して、その中から自らの概念や自社の置かれている状況などを加味して、〝これは〟という経営者を探したい。そ

して、それらの企業経営者の経営姿勢を学び、吸収していきたい。

Summary

- 就任後1年はがむしゃらに働き、スマートさを演出する
- 多くの社員と語り合う
- 先輩経営者の経営努力を学べ

社長業と家庭、両親、そして社外

多くの経営者は60歳が見えたあたりから、その後について考えると言われている。数年後事業継承が行われるとして、その時点での年齢は先代社長60歳～65歳、新社長35歳～40歳、そしてそのお子様が小学生という感じだ。会社というフィルターをはずした時、そこにはほほえましい親子三代の姿が見えてくる。中小企業の一般的な光景として、引き継ぎ直前の状況は子供から見ると次のようになる。

社長がおじいちゃん、経理担当の専務がおばあちゃん、お父さんがもうすぐ後を継ぐ常務、お母さんは事務員、という感じだろうか。

この三代目予定者である子供が感じている光景をちょっと想像してみよう。

「両親は、ウチに帰ってきてもいつも会社のことで喧嘩している。そして、怒ったお父さんが『ちょっと出てくる』と言って、夜に家を出て行く。いつも喧嘩ばかりの両親。その仲裁役はボクがやるしかない。小さな頃からずっとそうなのだ。おかげで、学校でのボクは、子供のワリに〝冷めている〟と言われている。そりゃそうだ。毎日大人のさまざまなことを見てるんだから。

おばあちゃんはお母さんの仕事ぶりが気に入らないらしく、お父さんに『しっかり注意しなさい』と言い、お父さんは『お母さんが言えばいいじゃないか』と言って、言い争いが始まる。ボクの妹が会社に行くと、お母さんは『ここに来ちゃだめよ』と言って家に帰そうとするけど、お父さんはそれまで従業員を大声で叱っていたにも関わらず、妹に『こっちおいで。どうしたの？』と目尻を下げてニコニコ話しかけている」

これはもちろん、フィクションである。

橋田壽賀子先生にホームドラマを書いてもらいたいような、喜怒哀楽たっぷりの会社なのか家庭なのかわからない光景だ。橋田氏が書かれた『渡る世間は鬼ばかり』の〝幸楽〟にはこのような世界が繰り広げられている。この〝幸楽〟の跡継ぎは、えなり君が演じる小島眞になる。そういえば、彼は若くして大人びており、どこか冷めた雰囲気を醸し出している。

中小企業にとって、〝会社〟と〝家〟の区別を厳密につけるのは難しい。後継の社長世代である団塊ジュニアの方々が小さい頃、経済成長期の日本では家業と呼べる企業が当たり前のように存在し、企業経営はのどかな雰囲気に包まれていた。

そして、日本経済は多少の波がありながらも1980年代後半には最高潮を迎え、その後90年代に入り、日本の中小企業を取り巻く環境は大きく変わった。国内では経済成長が見込めない上、グローバル化がすすみ大手企業の主たる市場は海外に変わった。

その競争に勝つためにコスト削減など、徹底した合理化を図った。その影響は日本中の中小企業に影響を与えた。のんびりとした企業経営では立ち行かなくなった。何か特徴的な、そして独自固有の長所を持っていない企業は、人件費などが身軽な家業的中小企業においても、がんばっても厳しい経営状況になっている。近年では、中堅企業のM＆Aも増えてきている。

これには、このままでは企業の拡大が見込めないという諦めにも似た感覚や、後継者へうまく引き継げないという理由が考えられる。ある程度の規模がないとやっていけない時代が来たのかもしれない。このように見ると、「資本主義が進行している」と言えるのかもしれない。

多くの企業は選択を迫られている。独自性を追求しながらもあまり規模の追求をせず〝小さくきらりと光る〟企業を目指すのか、それとも規模だけを追求した発展を目指すのか。多くの同族企業も決断を迫られている。〝家〟と〝会社〟の分離をするのか、しないのか。するとすればどこまで実行していくのか。

いまの時代に二代目社長として経営責任者になった方は、こうしたことを真剣に考えなければならない。

Summary

- 家庭と会社の区別は必須
- 今後の社会情勢を見定め、会社のすすむ道を決める

4章

心が磨り減る古参社員との関係

先代から社長を引き継いで一番悩むことが、創業まもない頃から先代についてきた古参社員に関することだ。

その方々の中には、役員などの幹部社員として活躍していることも多い。後継社長の幼少期のこともよく知っており、やりにくいものだ。この問題にけじめをつけないと、しっかりとした経営はできない。

引き継ぐ際には先代社長から、「これまでオレについてきてくれた従業員を大切にしてくれ」などと言われるだろうし、古参社員も「社長の息子のサポートをしっかりさせていただきます」ということでいいムードなのだろう。しかし、しばらく経つとこれがなかなかうまくいかず、ぎくしゃくした関係になることも多いようだ。

古くからの役員

創業間もない頃に入社し、まだ従業員が少ない頃から勤めている古参社員は、会社の成長とともに歩んできた功労者である。当初から社長の傍らで身を粉にして働いてきた社員は、会社が年齢を重ねるとともに本人も年齢を重ね、従業員が増えるにつれてリーダー格として重要な仕事を任されるようになる。

そして、ある時に会社の役員に任命される。このような方にこれまでコンサルティング先企業で多くお会いしてきた。最古参の社員は常務だとか専務だとかとても立派な肩書きがついていた。

そして、「彼は若い頃から仕事をとてもよくがんばってくれた。しかし、役職が上がるにつれて、期待しているような働きをしてくれない」、そう嘆く社長の声をよく聞いた。

会社の成長とともに社員が成長し続けるのは難しいことだ。創業間もない小さな企業に入社してくる従業員と、企業規模が大きくなってからの会社に入社してくる人材は大きく異なる。

会社の成長とともに、一番大きく変化するのは入社希望の従業員だ。〝経営トップで企業は99%決まる〟ということは、会社の成長は、当然のことながら社長の成長の結果である。社長の成長なしに企業の成長はあり得ない。しかし、すべての従業員がその成長曲線とともに、成長していくわけではない。能力の違いというよりもモチベーションの違いだろう。

もちろん経営幹部になる人材は、その中でも優秀な人材であったであろう。かつてコンサルティングしていたある上場企業の社長は、「創業時からついてきてくれたメンバーの中には現在役員の者もいます。しかし、そろそろ彼の限界に近づいてきていると思います。現在、我社にはすばらしい人材が入社してきています。そうした従業員からの突き上げにも、そろそろ耐えきれなくなっています」と話していた。

残念ながら多くの創業経営者はこのような悲しい事実に直面し、厳しい決断を迫られているようだ。

ある住宅メーカー社長の講演を聞いたことがある。そこで、この創業社長は、「会社が大きくなった時、創業時からの右腕の存在が私を一番悩ませた。彼はとても活躍してくれ、専務という役職をお願いしていた。会社もどんどん大きくなったのだが、ある時からまわりの役員たちのほうがよっぽど活躍するようになっていた。情を挟んではいけないとわかっていながら、もっと期待に応えてくれと言ってもなかなかそうはならない。数年間悩み続け、そして決断したのです」そう涙を浮かべながら話していた。

2つの社長の声を述べたが、これらはともに上場企業の社長の声である。こうした功労者の方々は株式という形で多くの資産を保有していることが多い。資金的にその後に困ることがないだろうから、状況を受け止めて自ら身を引くことも多い。

また、社長から言い渡す時も、社外株主の存在をあげて退任を迫ることが多いようだ。しかし、多くの同族企業ではこうはいかない。上場していない企業では〝情〟を挟む余地が大いにあり、それがいいところではあるのだが、それが成長を阻んでいるとも言える。こうしたことを理解して、さらに後継社長がやりにくいだろうということで、代替わりの時に先代社長が引きつれて辞める、ということを行ってくれるのが本当はいい。しかし、それができる方は少ない。

そこで、後継経営者に決断が求められる。先代の頃からの役員にこの先がんばってもらうか否かを決めるのである。先代社長とも十分に話し合った上で、慎重にことをすすめなければならない。

ポイントは、この先この古参役員が企業にとって〝不存在デメリット〟があるかどうかである。言い方を変えると、いなければ困るかどうか。〝存在メリット〟のある社員は、いわば〝いてくれたらありがたい〟社員ということで、不存在デメリット社員は必要不可欠な方ということだ。

そしてもうひとつが、この先企業の成長とともに、該当役員の方が成長することが予想できるか、ということだ。先にも述べたように企業の成長＝社長の成長であり、役員はそれをサポートする立場にあるから、当然役員にも同様に成長してもらわなければならない。こういったことを十分に検討しなければならない。

単に、これまでの経験や実績に基づいて、〝新社長をサポートする役割〟だけを担うのでは厳しいだろう。このように考えて、新社長は古参役員と話し合いを行う。役割を明確に伝えてそれを実行するように、コミットメントする。具体的な責任とそれに関わる権限を明確にすることも重要である。

そして、任期も明確にする。例えば2年ごとに更新するようなルールをつくってもいいだろう。2年間で結果や成長が見られない場合は、身を引いてもらうことをあらかじめ約束しておく。

このように、新任社長にとって先代からの役員の存在をどうするかは、就任早々やって来る重要な決断なのだ。

Summary

- 会社の成長＝社長の成長
- 古参社員は〝不存在デメリット〟があるかが重要ポイント

ベテラン現場社員

前項では、先代社長の片腕として会社の屋台骨を支えてきた幹部古参役員の対応について述べた。ここでは、古くから現場の第一線で活躍してきたベテラン一般社員と新社長との関係について書いていく。

2章で書いたように、入社していわゆる平社員の時代に、じっくり現場社員と対話することの重要性をここで実感することとなる。その期間に、きちんとした信頼関係が築かれているならば、新社長に就任してからもスムーズにこの層の従業員から信任されるであろう。

これまでのコンサルティングの経験では、創業社長はこうした現場の社員との関係をうまく築いており、信頼が厚いことが多かった。よほど大手企業でもない限り、現場に強い社長が会社を大きく成長させている。

現場を知り、最前線で働く従業員やお客様の声を聞き、それを経営戦術に活かす。こうしたことを繰り返すことでマーケットインの発想を持ち続け、サービスや商品を提供しているからこそ、市場からの評価を得続けるのである。創業社長はこのように現場との対話の中に経営のヒントがある、と心得ている方が多い。

彼らとの会話の時間、例えば終業後に数人の現場のリーダー格（管理職）の人たちと居酒屋などでちょっと一杯飲むことを日常としている。現場の管理職たちも社長との腹を割ったざっくばらんな時間の過ごし方を知っている。このような関係が会社の成長の原動力になる。

こうした関係を、新社長は時間をかけてでも築き上げなければならない。相手の多くは自分自身よりも年上の方が多いだろうから、そう簡単ではないと思う。

私もコンサルタント職についたばかりの頃は、自分よりも15歳〜20歳くらい年上のクライアント先社長が多かったから、その付き合い方には苦心した。コンサルティングはアドバイザリー業務が仕事であるから、その物言いを失敗しながら覚えた。そして、仕事を離れた時の会話では年齢差や自らの勉強不足もあり、話題に苦労した。また夜の会食に誘われた時も同様だった。

一般的に年上の方とご一緒に食事をするのは緊張もするし、どういう会話をすればよいのかわからない。

だから、少々遠慮しがちなのであるが、社長に就任したからには、そうは言っていられない。場数と日々の努力の積み重ねである。私は、小さな頃から父に「年上の人とどんどん話して、多くのことを学べ。そして一歳でも年上の人を尊敬する気持ちを忘れるな。そうすれば、その方々は必ず力になってくれる」と教えられた。その教えを信じてここまできた。

〃年上の人から学ぶ〃この気持ちがあれば、長く勤める社員との関係もうまくいき、きっと新社長の大きな力になってくれるはずだ。

Summary

- 年上のベテラン社員から積極的に学ぶスタンスが重要
- 現場社員ともじっくり語れ

女性社員の活用

まず、定説化している一般的な女性社員の特徴をここでまとめておく。この本の読者の多くは男性であることが予想されるから、女性社員のことを知っておくのは有益だ。あくまでも一般論であることを、最初に断っておく。

女性社員は、責任感と倫理観を前面に出して仕事をすると言われている。経理業務に女性が多いのは、企業にとって血液とも呼んでいいお金を扱う経理業務は、決まった期日に入出金を行うことや、会社のお金を1円単位までの細かい数字を管理することなど、とても大きな責任を負う業務だからだ。もちろんそこに不正があってはいけないし、万が一従業員による不正を見つけた時は速やかに対処しなければならない。こういった場面ではきっちりとした倫理観が要求される。

また、ある時までに仕上げなければならない業務があったとして、その時間や期日が迫ってきた時、男性社員は比較的早くあきらめる傾向にあり、女性社員はぎりぎりまで執着心を持って取り組む傾向にあるという。この源泉には〝なんとしてでもやらねばならない〟という強烈な責任感があるからであろう。私もこれまで何人かの女性社員とともに働いてきたが、すべての人が責任感を全面的に出した業務をしていた。任せて安心感のある業務遂行状況であった。

一方で、女性社員は決断力（見切り力）が弱いと言われている。あいまいな状況にある時、「えいやっ」の気持ちでとにかくやってみる、ということが苦手なようだ。すすめながら考えて修正しながら業務をすすめるのではなく、大筋の見通しを立ててすすめる。それとは反対の比較的大雑把な性格の男性上司からは〝仕事が遅い〟とそりが合いにくい。このような時、自分ひとりで悩みを抱えてしまい、もんもんと悩み続けてしまう。

これらは一般論であるから、多くの女性社員がこうだとは限らないし、近年私のまわりを見ていると、若手男性社員のほうがこうした傾向があるかもしれない。性別により仕事の出来栄えが大きく異なるとは思えないが、ただ得手不得手があるのではないか。こうしたことを考慮して業務分配を行うべきではないか。

こうしたことを踏まえると、新しく就任したばかりの社長はある程度の期間継続して勤務している女性社員を積極的に信頼し、活用すべきだと言える。

社長が変わるというのは、変化改革の時であるから、こういった時男性は比較的〝様子を見ながら〟業務を行う。

一方女性社員は、〝今こそ〟の気持ちで積極的に業務に励む。そして、社長の推進する業務改革に貢献することだろう。

男女雇用期間均等法が施行されてはや20年。女性の社会進出については至極一般的なことになっているが、少子化問題などから、世間ではいろいろな意見があるようだ。

しかしながら、企業にとって女性社員は事務職としてだけではなく、総合職としても欠かせない。現実的に女性社員を積極的に活用している企業はいつも業績が安定しているし、私が携わってきた企業においても、女性がイキイキしている会社は、景気の波があるとはいえ成長している。

同族企業の後継社長は女性を積極的に採用し、管理職にも就け、どんどん活用するべきだ。

Summary

- 女性社員の特性を理解する
- 同族企業は女性社員を積極活用せよ

活躍してもらいたい社員と辞めてもらいたい社員

社長になるということは、全人事権を掌握するということだ。かといって気に入らない従業員を強引に解雇させるということはできない。いったん同じ職場の仲間になったのであるから、〝辞めてもらいたい〟と思うようになるのは心苦しいことだ。

また、社長に就任する前に親しく仕事をしてきた人材を急に重要なポストに就けることもまわりの目があってやりにくい。そもそも急に重要な役職に就いたほうこそがやりにくいであろう。

まわりくどく述べたが、ここで言いたいのは、「社長は人事権を握っている。しかし、その人事権を大きく振りかざすことはできない」ということだ。

社長が変わる時は、本来は社長をサポートするいわば役員職にある人達の大半が代わるものだ。しかし日本では、大手企業などでは少ししか入れ替わらず、たいていは留任となる。アメリカにおいての大統領が変わった時のように、側近たちはもちろん、何千人の職員が入れ替わるのとは大違いだ。日本式の代替わり手法なのだろう。

二代目社長として創業者の子息が新社長に就任するということは、年齢的に大きく若返るのであるから、それに伴い役員を大きく入れ替えるのが適当である。このことは前項で述べたことの繰り返しになるが、役員の入れ替えには先代社長を含めて十分な話し合いの上で決める。

一方、社長が変わっても従業員についてはできるだけ辞めさせないということを基本姿勢としたい。しかし、永年会社に貢献していないながらも、勤務し続けている従業員もいることだろう。前社長が目をつむってきた従業員だ。

年齢を重ねてくると、どうしても情が先行してしまい適切な判断ができない。企業規模が大きければ多少のゆとりもあるだろうが、中小企業ではこうした不活性従業員を永く雇う余裕はないだろう。

また、こういった社員は他の従業員に悪い影響を与えている場合が多く見られる。厳しい言い方をすると、〝存在デメリット〟のある従業員と言える。こうした社員には、話し合いの上、改善が見込めないと判断したら、辞めてもらうように働きかけるようにせざるを得ない。

こういったことは多くの企業で見かけた。これは、（言い方はよくないが）先代から受け継いだ〝負の遺産〟なのだ。

ここに、こうした従業員の特徴を明記しておく。

①会社の悪口やネガティブなことばかり発言する
②まわりに一定の影響力があり、巻き込んでさぼったり手を抜いたりする
③若手のやる気をそぐような発言が多い

こういった社員は〝不存在メリット〟（いないほうがいい）人材なのだ。

一方、新社長になり、登用したい従業員もいる。入社以来これまでの中で〝この人には将来右腕になってもらいたい〟と思える人材もいるだろう。こういう方には思い切ってチャンスを与えていいのではないか。

あるいは、社長になるまでの期間にそういう人材を探しておく必要があるとも言える。中には、コンサルティング会社の社員や銀行勤務の知人や取引先の人をスカウトして新社長の右腕として採用している会社も見かけた。

この例は珍しいことではなく、現在では国内はもちろん世界に進出しているあるメーカーでは、創業社長から引き継いだ子息が新社長に就任し、その後しばらくしてから某経営コンサルティングファームの気鋭コンサルタントをヘッドハンティングした事例などは有名だ。

このように、新しい体制に変わった時に思い切った幹部体勢を敷くのはよいことだと思う。

Summary
- 幹部社員の入れ替えが必要なことも多い
- 思い切った登用も必要

戦力外社員への対応　～どう辞めてもらうか～

これまで、「〝存在デメリット〟のある従業員、戦力外社員、成長が期待できない社員は辞めてもらったほうがいい」という論調ですすめてきた。

しかし、本来経営戦略的に考えると、会社にいったん入社した方がどんどん辞めていくような企業の成長はあり得ない。辞めたくなるような社風であったとしたら、そんな企業が顧客から信頼されるはずもない。また、〝できないやつは辞めろ〟を社長が前面に出したとするならば、そんな恐怖政治のような会社でおちおち働く気がしない。さらに、入社して数ヶ月で辞めるような例外を除いて、ある期間在籍した社員が辞めていくことは、せっかくの無形資産である〝人財〟の流出であるから、企業にとって得なことはない。

基本スタンスは、入社した従業員がみな一様に成長し〝人財化〟し、会社に貢献をするような流れをつくるべきなのは、言うまでもない。

しかしながら、会社にとっても従業員本人にとってもこのまま会社に在職し続けることがプラスではないという場合もある。該当者の能力を活かす場所は我社ではなくて他社にあるのではないか、と感じる場合である。

こういった場合、本人もそのことを思っておりモチベーションが低い場合が多い。この状態は、何より従業員本人の将来ためにならない。上司と本人で話し合う場を持ち、「もっと自分の能力を活かせる仕事を見つけたら」と投げかけてみる。また、周囲の従業員の意見を直属の上司経由で聞き、従業員の正確な情報も入手しておきたい。

かつての労働組合運動ほどではないが、近年では労働者の人権を守れと公的機関が不当解雇という訴えに対して、ナーバスな対応を取っている。ある中小企業の従業員が労働監督機関に訴え、そこから電話がかかってくるという光景に遭遇したことがあるが、もしもこちらに非がないのであれば、毅然とした態度で臨めばいい。

何でも〝訴えたもの勝ち〟ではきちんとした経営はできない。〝弱者救済〟の社会的風潮に臆するようでは、現代の成熟した資本主義世界では戦えない。こうした姿勢は明確に示すべきなのだ。

Summary

・戦力外社員には、自分の能力を活かせる仕事を見つけさせる

5章

同族企業だから〝家業〟から〝企業〟へ脱皮せよ

二代目経営者の多くが考える家業から起業への転換。私企業から公企業へ。そこにはイエとの関係をどうするか、という大きな悩みが伴う。これが最もややこしい問題となる。それらを、順を追って見ていくことにしよう。

兄弟との関係

歴史上の政権者（幕府将軍など）では、兄弟は周囲の利害関係などもあり、争うこともあったようだ。最高権力者に権力が集中している状況であったからであろう。

創業者に二人以上の男性の子がいることは、当然その可能性がないわけではない。長男の方が社長を継ぐことが多いのだが、次男・三男の方が後継者として奮闘している事例にも遭遇する。

あるいは、これらの方が資本関係のある別会社（子会社など）を創業し、社長として活躍している企業のコンサルティングをしたこともある。その時は、長男が継いだ企業（実家企業）に負けてなるものかと奮闘しているのをサポートした。また、三人の男子がいて、長男の方はサラリーマンとして他社に勤務し、次男・三男の二人が後継者となり、会社を大きく発展していく過程をサポートした経験もある。

私がコンサルティングの現場で出会った方々は総じて兄弟の仲がよく（二人が実家企業に入社している場合）、ともに会社の発展のために力を合わせてがんばっている。後継社長である兄をサポートする弟。兄と役割分担を明確にしており、企業運営の両輪となり、まるで二人の社長がいるようだ。

同族企業においてこのような絶対的に信頼できる身内がいることは断然有利だ。それぞれの夫人が絡んでくる場合は時にややこしくなることもあるようだが、血の分けた兄弟であるから、お互いが信頼しサポートし合うであろう。子息が複数いる場合は、その中から後継者は一人に絞ることが、これまで一般的だったかもしれないが、現代はそうではない。

創業者は「どちらが向いているか」と迷うことはない。各人の意思を聞いて、両人が「この会社で働きたい」という意思表示をした際は、迷わず「二人で力を合わせてがんばれ」と言うべきである。

Summary

・兄弟二人が後継することも大いに結構なことである

妻との関係

社長の奥様が会社に勤務し、重要ポストに就いている事例は中小企業を中心によく見かける。「身内が一番信頼できるから」ということで、経理業務を担当し、専務や常務という肩書きがついていることが多い。

かつて、ある経営者から聞いた話であるが、「創業した頃、人手が足りなくて女房に経理を手伝ってもらいました。会社は大きくなって、いまだに社長婦人が経理をやっているのはどうかと思うのですが、今では、妻のライフワークでもあるから、簡単に辞めろと言いにくいのです」と言う。

確かになかなか難しい問題のようだ。経営者の方からよく相談を受ける内容なのだが、少々手ごわい問題だ。ここでは実例を中心に述べて、判断は読者の方にお任せしたい。

明治期から代々続き、現在の社長が五代目というまさに老舗と呼ぶにふさわしい企業のコンサルティングを数年に渡ってした経験がある。その企業はある地方都市においてさまざまなビジネスを展開するいわば〝コンツェルン〟だ。一族の中には政界に進出している方や医師などがいて、まさに〝華麗なる一族〟だ。その企業の後継予定者である当時の常務と年齢も近いこともあり、親しくさせていただいていた。

その方から、この企業グループを経営する創業家の〝家訓〟と言っていい掟を教えていただいた。それは、「会社の中に一族の女性を入れないこと」というものだ。もちろん、会社という建物の中に入れないという意味ではない。企業経営としてはもちろん従業員としても雇わない、ということだ。創業から続くルールだと聞いた。

彼によると、「戦前からの古い考え方かもしれないが、女性は経営者や後継予定者である夫を陰から支えて、企業の発展ひいては家の発展に貢献せよ」ということらしい。

こうしたルールが古いかどうかは判断できないが、この企業はこの教えを守って発展し巨大な企業グループをつくった。

一方、このようなこともあった。ある会社の二代目社長が私を訪ねてお越しくださり、コンサルティング契約について打ち合わせをしていた。そして、「この内容で契約しますか」と言うと、社長が「会社の役員でもある妻に相談します。お金は妻が握っていますから」と言って帰られた。

もちろん半分冗談だと思うが、その言い方は小遣いをもらうしがないサラリーマンの夫と妻の関係のようだった。実際後日、奥様を連れられて再び我社にお越しになられて、再度打ち合わせをして契約となった。やはり奥様の許可が要ったのだろうか。その真実については その後も聞かなかった。しかし、その後も重要な事項は奥様の意見を聞いてから決断することがあった。

私がコンサルティングの一環として、「もう少し、社長ご自身の一存で決めてもいいこともあると思いますが」と言ったこともあった。そうすることで、意思決定がスムーズになり積極的に事業展開されていった。少々、奥様は不機嫌な日々が続いたようであるが。

社長の奥様がその企業の役員を務めているある企業経営者に「自宅でも会社の話を頻繁にするのですか」と聞いたことがある。社長は「もちろん、食事中でも休日でも、よく話をするよ」と答えられた。私が「まさに、自宅が役員室ですね」と返すと社長は笑って、「中小企業なんて、そんなものですよ」と言われた。そんな状態で心が休まるのだろうか、最もリラックスできるはずの自宅でそんな状況は大変だろうな、と私は思っている。

一方、これは二代目ではなく創業経営者の方の例であるが、その企業では家族全員（両親、子供三人）が、自ら経営する企業で働いているが、自宅で会社の話はめったにしないと言う。社長に聞くと、「みんなが意識して、話さないようにしている。そうでないと家庭と会社の区別がなくなるからね」とおっしゃられた。

Summary
・奥様が事実上の実権者になっていないか

家業と企業の違いを考える

広辞苑（第六版）によると、『家業』とは「①一家の生計のための職業。生業。②家代々の職業」、『企業』とは、「生産・営利の目的で、生産要素を総合し、継続的に事業を経営すること。また、その経営の主体」とある。一般的に会社の展開は生業→家業→企業と進展していく。そうした中で、家との関係は各企業によって異なる。

豊田家が始めた自動車メーカーTOYOTAは、自動織機を発明開発した豊田佐吉が創業した。世界の中でも最大級規模の企業となった現在の社長は2009年に就任した豊田章男氏という創業家の方である。創業家と微妙なバランスを取りながら、そして創業家ばかりではなく生え抜き社員も社長として会社経営を行っている。しかし、メディアなどから伝え聞くことであるが、創業家との関係はとても難しいようだ。

同じ業界のＨＯＮＤＡ（本田技研工業）では創業から本田氏と藤沢氏の二人三脚の経営が行われてきたが、創業家による会社の私物化を嫌った本田宗一郎氏の想いが貫かれ、縁故採用の禁止など厳格に創業家との一線を引いていると聞く。

一方で、企業の永続性の観点からこのことを考えてみる。世界中の１００年以上続く企業のほとんどはいわゆるファミリー企業であるという。とくにヨーロッパではその傾向が顕著なようだ。日本では、そんな印象はない。かつて寿屋といったサントリーはあれだけの規模の企業でありながら上場していない。同族企業の典型である。創業者の鳥井家、息子の佐治家からの社長が歴代続いている。

長年赤字を垂れ流し続けたビール事業は、近年世界に認められるビールを造り、そして事業は現在黒字化した。これは、非上場かつファミリー企業だったからだと言える。ファミリー企業のよさが出ており、だからこそ企業が永続し、サントリーという会社は世間から尊敬の眼差しで見られている企業なのだろう。

〝やってみなはれ〟と従業員の新規事業へのチャレンジを促進し、市場に斬新なメッセージを送り込む宣伝をどんどん許容した故・佐治敬三氏は、戦後の著名経営者の一人に数えられる。

このように、同族企業は〝家業〟と言われ、日本においては小さな企業の典型であり、会社を私物化しているとネガティブなイメージを持たれがちであるが、その経営者一族がしっかりとした理念の上で経営を行っている限り、プラスの面が多いのではないだろうか。

こう考えると、家業が古い体質を引きずっており、企業のほうが完成された企業体であるということは、必ずしも正しくはない。家業であることに誇りを持って、いい企業づくりに励みたい。

Summary

- 「同族経営」＝「家業」であることに誇りを持つ
- 同族経営の経営上のメリットを理解する

会社の資産と一族の資産の分離

会社の資産と創業家の資産の分離は、本来当然のことであり、そうしている企業経営者から見れば、何をいまさらと思うだろう。しかし、これが難しいことのようだ。たとえて言うなら、〝タバコは体に悪いとわかっていてもやめない〟ということに似ている。〝会社の財布と自分の財布をきっちりと分ける〟ということを創業家の二世経営者ができていることが、成長する同族企業の第一歩だ。

社長は企業から給与をもらっている従業員の一人なのだ。しかし、〝会社の経費＝領収書をもらえば自由に使える財布〟と思っている経営者が多いのも事実だ。私的な付き合いで領収書をもらい、会社にまわす。中には、「中小企業の経営者は、このような別給与がないとやってられない」とはっきり言う経営者もいる。

こうした姿勢は、確実に従業員に伝わっている。そして、会社からではなく創業一族から、給与をもらっている感覚になる。これでは、従業員のモチベーションは上がりにくい。

会社の資産についてはどうだろう。

こちらも明確に分けていないことが多い。これは、創業時に自宅など経営者の所有している場所に事務所を構えることが多いためや、創業時は単なる個人的に創業した状態だったのが、企業が大きくなってもその感覚のまま経営しているためだ。

「オレの自宅で事業を始め、オレが銀行から借りたお金で会社がまわっているのだ」この感覚が抜けない。たとえ小さな企業であってもこの感覚をやめることが何より重要だ。会社が、金融機関からお金を借りる際に、社長の個人保証を求められ、それが拒否できなくても、日本の金融機関は中小企業を企業とは認めていない融資形態と言える。

自宅や、創業家の持ち物で企業経営を行う場合は、当然、どんなに赤字であってもその賃料を所有者である創業一族に支払う必要がある。会社が借りているのだ。

この発想と同じように、企業の業績が悪い時、創業家経営者だけが給与をもらわないということがあるが、これもよくない。他の役員も同じように減らすべきだ。このようなお金や資産のけじめが何よりも大事である。

〝社長は会社から任命されて社長業務を遂行する人物である〟これは、中小企業においても同じである。日本において、こういった発想を持った経営者はあまりにも少ない。

この項で書いたようなことを、何代も続く同族企業の経営者に話したところ、「それはきれいごとだよ。財産・人生すべて投げ出してこの企業運営に携わっている。こちらは、もし倒産したら一族もろとも破産だよ。銀行には私や父親の印鑑を押した書類がいっぱいあるのですよ。わかりますか」と言われた。

なかなか、ハードルは高そうだ。

Summary

・企業と個人の資産分けを明確にせよ

経理・財務に強い企業づくり

中小企業においてよく見かけるのが、経営者の奥様やお母様が経理担当者という姿だ。ある企業では、創業時から奥様が経理業務を担当していた。もちろん、経理の経験なんてない。お金の管理を、子育ての傍ら行っていたのだ。

その会社は年々売上が増え、50億円を超える企業規模になっているにもかかわらず、経理業務はその奥様を中心にサポートをする数名のスタッフがいるだけだ。奥様はすでに60

る。

歳を越え、体力的にも厳しそうだった。当然企業規模が大きくなると扱う金額も大きくな

月々に扱う金額は数億円以上の金額だったようだ。この会社に対しては、経理担当者を事業規模に見合う人材への変更をアドバイスした。奥様も数十年間携わってきた業務にもちろん愛着があるだろうから、なかなかその業務を手放さないことが予想された。しかし、後継予定者の方々が説得し、徐々に業務担当者の変更を行った。

しかし、それ以上に困ったことはなかなかその企業の経理財務担当に見合う人材がいないことだった。求人サイトに掲載したり、人材紹介会社に依頼したり、あらゆる手段を使ってもなかなかうまくいかなかった。

このように、ある程度の規模になると適合する人材を採用することは難しい。このクラスの企業になると、企業幹部の知人や交友関係の中からスカウトという形で呼んでくるか、費用はかかるがハンティング会社に依頼するのが適切なのかもしれない。

経理業務は企業の中を流れる血液のようなお金を扱う業務だ。日々の入出金業務を的確に行っていないと、経営判断に大きな問題が生じる場合がある。財務戦略は経営者にとって最重要業務のひとつである。多くの経営者は〝資金繰り〟について常に想いをめぐらせ

ている。それをサポートする業務が経理・財務部門であり、企業成長の重要な役割を果たしていく。

この部門は企業規模が小さな頃は、それほど大きな役割を果たしていないように思えるが、しだいに規模が大きくなり動かす金額が大きくなると、重責を担うことになる。そしてまたこの部門は、企業規模に応じて求められる人材のスキルが異なる。創業時は経営者の奥様が片手間で行えるのかもしれないが、一定規模以上になると経験を有する専門化が必要で、さらに上場するような頃になると、経験豊富な資格を有した人材がいるとよりよいのではないか。

Summary

- 企業の発展に伴い、経理業務の重要度は高くなる
- 早めに経理・財務に適切な責任者を採用する

銀行との取引形態の変更を目指す

金融機関から融資を受ける場合、一般的な中小企業の多くは、経営者や一族の個人保証の印鑑を求められる。これは金融機関が〝中小企業は企業ではなく個人商店〟と見ているからだ。

この傾向は、日本においては伝統的な企業と金融機関との関係で、欧米のそれと大きく異なっているところだと言われてきた。近年、徐々に変わってきているが、いまだにその傾向は強い。例えば、沖縄県においては大手と呼ばれる企業においても、銀行との関係は中小企業との関係のようだ。沖縄のある税理士事務所に勤める方は、このことが沖縄のベンチャー企業が大きく成長しない理由であると言っている。

私はこれまでのコンサルティング先で、「企業の経営体質や財務体質を改善して、銀行との間に交わされた個人保証をなくしましょう」と、アドバイスをしている。もちろん、企業規模や財務体質により不可能なこともあるが粘り強い交渉の末、可能になることも多い。もちろん私はその場に立ち会うことはなく、アドバイス業務のみであるが、このことが成功する意義は大きい。

ある企業の創業経営者が二代目経営者となる予定のご子息（当時ナンバー2）に対し、「そんなことをしたら、緊張感を持って経営ができないではないか。経営者は自分のお金を会社に入れて、その緊張感の中で経営を行うのだ」と言われた。なるほど、それは一理あると思う一方で、戦前に生まれたこの方（創業者）の常識はそうなんだな、と思った。

家業から企業への変革は、いくつもの大きなハードルがある。その中で、難易度は高いができるだけ早く行動に移したいのがこの項で述べた金融機関との関係改善だ。こうした思考から大きな変革が始まる。

Summary

・可能であれば金融機関に対して個人保証はやめたい

6章

活躍する社員の採用と育て方

企業の成長に、人材の採用は欠かせない。技術革新がすすみ、日々の業務にコンピューターが不可欠となり、企業の発展に人的な要因が減少すると思われていた。しかし実際はそうはならなかった。現在においても、企業の発展はイコール要員の増加、という側面があることは間違いない。それは企業規模や業種業界に関係なく、すべての企業に当てはまることだ。企業の発展には、優秀かつその企業の社風に合った人材が不可欠であり、そうした人材を採用せねばならない。

この章では、この同族企業がよい人材を採用するための具体策を提示したい。

人材採用の基本的な考え方

毎年、春になると発表される大学新卒者の就職人気企業ランキング。数年単位で人気業種に波があるが、概ね誰でも知っているような企業がベスト１００位以内に入っている。もちろん、10年単位で見ると、人気企業の時代性はある。繊維業界が強かった頃、重厚長大産業が強かった頃、金融業界が人気の頃などと、年代ごとに傾向がある。団塊の世代が大学を卒業する時の人気企業と現在とでは大きく異なっている。

人気企業ランキングは、いくつかの会社がその情報を提供しているが、それぞれにより順位は結構異なっている。あくまでも人気企業ランキングで、つまり学生がこの会社を受けたい、就職したいと、就職活動が始まったばかりの頃に投票するから、その企業がイコールよい人材が取れているとは限らないのだ。

今の大学生達の企業選びにも変化が見られる。学校を卒業してすぐに入社した企業に定年まで勤めるといったかつてと違い、大卒者は、入社三年で30％近く離職するのが現在の傾向だ。

就職したい（つまり手始めに働きたい）企業を選ぶということは、これまでの一生働く企業と違う選び方をしているということが言える。もちろん企業側は、せっかく採用した社員が辞めないように努力をしているのだが、この傾向には歯止めはかかっていない。2008年からの景気悪化に伴い少しは改善されたと言われているが、この傾向が大きく変化することはないだろう。

多くの学生たちが企業選びのポイントとして、「早くから責任ある仕事がしたい」「上下関係がフランクなアットホームな社風がいい」「これからの成長が期待できる」などをあげている。これを違う角度から見ると、「下積みが長いのはイヤだ」「上下関係がきっちりしている堅苦しい社風はイヤだ」「早く役職者になりたい」などとも聞こえる。こうした現在の傾向を踏まえた上で人材採用をすることが、よい人材を採用することに必要不可欠なことだ。

一方企業側から見てみると、近年株主からの圧力により、すばやい業績拡大が求められ、不採算領域をじっくり育成するなどという悠長なことが言えなくなった。さらに、デフレーションがすすみ、さまざまな領域でコストカットをせざるを得なくなった。このような状況から大学を出たばかりの新入社員を一刻も早く戦力化する必要に迫られている。「学卒新入社員をじっくり育てる」ということをしている企業のほうが現在では少なくなったと言っていい。このように学生の思いと企業の思いが奇妙な形で一致してしまっているのが現状だ。

そのような状況下、バブルが崩壊し、金融危機を経た１９９０年代後半頃から大学生たちの就職観は大きく変わった。「大手企業は必ずしも安泰ではない」という思いがはっきりし、「一生同じ会社に勤めること」への価値観が薄らぎ始めたのだ。

またこの頃は、就職活動をする学生たちが大手企業中心の採用活動だけでなく、中小・ベンチャー企業にも興味を示し始めた頃だった。成長が見込める分野の企業、〝この社長と一緒に働いてみたい〟と思える企業など、特徴が明確な中小企業（都市部・地方地域ともに）も有名大学の学生たちの就職先候補になったのだ。この傾向は２００７年〜２００８年頃にはいったん下火になるような気配だったが、世界的不況を受けて２００９年以降も再び戻ってきた。

このように現在は、大手企業、都会の企業、若者に人気のある業種の企業だけが優秀な人材を採用できるのではない。地方都市の企業、中小企業、それほど人気のある業界の企業でなくとも、しっかりと時間と手間とお金をかければ、比較的早く戦力になり、かつ将来の幹部になり得る優秀な人材が採用できる。実際に私のお付き合い先では地方の中小企業においても優秀な大学新卒社員を採用している。

いつの時代でも、業種や会社規模の大小に関わらず、永続的に成長し続けている企業は、人材採用に力を入れている。いまでは著名になった会社も、ベンチャー企業と呼ばれていた時には、社長自ら採用に時間を割き、熱心に新卒・中途採用活動を繰り広げていたのだ。人材採用に力を入れていない企業の成長が厳しいことは、歴史が物語っている。

これ以降、同族企業がどのように新卒採用と中途採用を行うといいかを具体的に述べる。新卒採用の手法は、時流があるが、その本質的なところはあまり変わらない。まずは大学新卒採用の本質を理解することから始める。

Summary

・同族企業は人材採用には力を入れよ

中小同族企業にふさわしいのは中途採用か新卒採用か

1990年代半ば頃から、それまでは「新卒採用のみ」が基本スタイルだった大手企業においても、中途採用活動（通年採用）が始まった。一方、地方の中小企業は以前から、即戦力として期待できる経験者、中途採用が主流だった。「会社が大きくなったら、新卒採用。それまでは中途採用」ということだ。「地方の中小企業には優秀な学生は応募してくれない」と多くの経営者は考えていた。さらに、「大学を出たばかりの学生はすぐには使い物にならない。ゆっくり育てている余裕がない」という現実的な問題もあった。

新卒採用活動は一般的には大学3年生の冬から春にかけて行われるが、内定を出した学生が実際に入社するのは翌年の4月だから、それまで待てないというのだ。中小企業は空いたポジションに人を補充するために採用活動を行うのが一般的だった。そうした理由から、中小企業は同業界の経験者を採用するのが当然とされてきた。

1990年代の後半、当時駆け出しの経営コンサルタントだった私は、当時の上司の影響もあり、クライアントの多くが住宅リフォーム会社や地方の工務店だった。当時のリフォーム業界への我々の提案の大きな柱として、「素人新人を3ヶ月で戦力化する」というものを掲げた。これが住宅業界で評判を呼び、多くの企業からコンサルティングの依頼をいただいた。

そのビジネススキームは、該当地域の商圏の市場性・競合企業などを徹底的に分析した上で、見込み客が集まる集客手法を構築し、お客に提案する内容や見積方法を完全にルール化・マニュアル化する、というものだった。もし目標数字が達成できなかった場合、その企業の営業担当者の責任にして済ませるのではなく、営業手法を会社がブラッシュアップすることを繰り返した。そうして営業スタイルがその企業に合った極めて合理的なものになっていった。営業担当者の力量を最小限にした営業システムが企業発展の要因となっていった。

こうした企業に同業経験者が中途入社してくると、営業担当者の力量（純粋な営業力）で受注するというリフォーム会社がほとんどだった時代であったため、これまでの営業スタイルから抜け切れず、結果が出せないことが多かった。こうしたことから、コンサルティング先企業に対して業界未経験者の採用をすすめた。その結果、こうしたクライアント企業は、業績が向上した。

当時はまだ中途採用が主流であったが、その後いくつかのクライアント企業が、「このような現状から考えると、大学を出たばかりの人材でも同様の結果が出るのではないか」と、新卒採用をはじめ、これも成長につながった。

このように、中小企業の採用＝補充型の経験者採用、大手企業＝長期雇用を見越した定期新卒採用という構図は、「もはやそれがすべて」ではなくなっている。経験中途採用者＝即戦力ではないことが多いからだ。

私のかつてのクライアント先で地方都市に拠点のある企業では、中途採用と新卒採用を組み合わせて採用活動を行い、中途採用についてはなるべく同業からの採用は控えている。そして、新卒採用においては、多くの大学が集まる東京を説明会のメイン会場として、応募者を少しでも増やすことを念頭においた採用活動をしている。

こうした活動は、時間とお金がかかることは覚悟の上での行動であり、しかし十分"モト"が取れると考えている。内定を出した学生が実際に入社するまでには期間があるが、毎年定期的に行えばあまり問題にはならない。新卒採用者を早期に戦力化する仕組みさえできていればいいのだ。

また、最近の学生は、地方都市出身でそのまま進学した都会（首都圏・関西中心部）に残ろうとする人が減ってきていると言われている。都会に対する憧れが減ったのか（つまり華やかな街が魅力的に映らないのか）、地元志向が強まっているのか、その理由ははっきりしていないが、進学したい大学は地元にはなかったが、就職や住処は住み慣れた地元にしたい、という若者が増えてきている。魅力ある地方都市に本社を構える優良企業には追い風が吹いていると言える。この傾向は今後もすすむものと思う。

Summary

- 地方都市の中小企業においても新卒採用で成功している企業も多い
- 中途採用を行う時に経験者採用が本当にいいのか吟味する

小さな会社だけど、社長には大きな野望がある
～地方中小企業にもできる新卒採用のコツ～

この項では、新卒採用を成功させるコツを順を追って説明したい。現在の採用活動は、大学3年生の秋から始まる。採用に力を入れている企業は、企業規模の大小に関わらず、また都会や地方都市に関わらず、一斉に活動を始める。この流れに乗り遅れては出遅れたと思わねばならない。年が明けて3月くらいからやっと始める企業も多いが、これでは応募数が伸びない。よい人材を採用するために必要なことの第一は、応募者数を増やすことだから、多くの学生と接点を持ち、じっくりと見定めて選考することがなにより重要だ。

中小企業における新卒採用を本格的に取り組む際にまず重要なことは、採用責任者を決めることだ。総務的な業務を担当している人の中からでもかまわないし、それ以外の人でもいい。その際の人選は、20歳代の後半くらいで、将来の幹部候補と言える人が適任だ。

地方の中小企業にとって、新卒採用活動は、営業活動にほかならない。応募者の中から選考を経て内定を出し入社に至るまで、学生の側からも企業を選別している。よいと思える人材、つまり内定を出したいと思える人材はほかの多くの企業から内定通知をもらっているのが常だ。その中から最終的に一社を決め、入社する。内定を出したら、安心という

ものではない。ほかの企業からの内定を辞退させ、いかに我社に入社したいと決意させるか、ここが最重要ポイントなのだ。

【告知から会社説明会】

学生に募集を告知する手段として、①就職サイトに掲載する、②合同説明会に出展する、③大学の就職課に求人票を提出する、などがあるが、応募数を増やすためには、①および②が必須となる。

この時注意しておきたいのは、自社サイトのリクルーティングのページをしっかりとつくり込むことだ。わざわざ学生向けのリクルーティング専用サイトをつくっている企業もあるが、そこまでお金をかける企業はごく一部だ。しかし、小学生の頃からパソコンに向かい、どんなことでも「まずネットで検索」が現代の学生には一般化している。知名度の低い中小企業の場合、企業のイメージ＝サイトのイメージとなってしまう。

若手社員がイキイキと働いている（あの人たちの輪に入りたい）、職場環境がいい（あんな環境で働きたい）、社長の発する理念と会社の方向性に共感が持てる（こんな仕事がしたい）、などサイトから受け取る感覚で応募しようかどうかを決めてしまうことも多いのが現実なのだ。

この会社説明会への動員人数は、採用したい人数の50倍くらいを目標にしたい。エントリーの段階から、当日キャンセルする学生もいるから、例えば5人採用しようと思うと、エントリー数では400人くらい、実際の説明会には250人は来て欲しいところだ。これを数回に分けて会社説明会を行う。ここでのゴールイメージは、どれだけ多くの学生が次の試験（面接・筆記試験など）にすすむか、ということだ。

会社説明会では、社長自らが会社の方向性、理念、今後の展開などを明確に伝えることが重要である。総務部門や人事担当者の方が画一的な会社の説明をして、学生がそのまま面接にエントリーするのは、大企業だけで、中小企業の会社説明会は社長が熱く語らねば面接にすすんではくれない。「まだまだ小さい会社だけど、社長である私には大きな夢がある。この夢を一緒に実現させないか」というメッセージを投げかけるくらいがいいと思う。

【筆記試験・面接】

筆記試験は、応募者の基礎能力を測る重要な試験であり、特に一般常識試験と国語力を見極める試験は重要である。私はさまざまな企業の社員研修にも携わってきたが、国語力がビジネススキルの基本だと考えている。国語力とは、インプットとしての読解力・ヒアリング力（読む・聞く）と、アウトプットとしての文章力・プレゼン力（書く・話す）の2種類に分けられる。

特に中小企業の従業員はこの国語力がとても重要だ。その理由として、地方中小企業で働く社員の場合、その多くは、スペシャリストとして特定の業務を任せるのではなく、ゼネラリストとして多くの業務を兼務している。幅広い業務をこなすわけだから、幅広い知識が求められる。また、多岐にわたる情報を入手してどんどん吸収していかねばならない。そのためには、例えば誰かが言っていることの本質を見抜く、何かの文章・書面を読んでいる時もその要旨を理解する、などという国語力が要求されるからだ。

筆記試験を行わない企業も最近は多いようだが、中小企業の新卒採用ではこれを行わないことはよくないと思う。ある程度の一般常識を有していない人が、その後会社の成長に寄与する社員になるとは、とうてい思えないからだ。

次に面接についてだが、主にグループ面接、1対1の面接、最終の面接、とすすむのが一般的だ。面接は、選ぶ面接と入社意欲を高める面接の2種類に分かれる。初期段階で行われることが多いグループ面接は選ぶ面接に分類される。

ここで重要なことはグループの分け方だ。エントリーシートの記述内容や筆記試験の結果から見て、おおまかな応募者の人物像と内定を出す可能性が見えてくる。そこで、ある程度レベル（内定を出す確率）の似通った応募者ごとにグループ分けをするのだ。こうして〝いいかな〟と思える組と〝どうかな〟と思える組に分ける。

これには、明確な理由がある。選抜中の辞退を減らすためだ。あるいは、より採用されたいと思わせる効果とも言える。同じ組に〝こいつはすごいな〟と思うライバルがいたら、「負けたくない、あるいは一緒に働きたい」という意欲につながる。逆は防ぎたいところだ。ある組は全員が通過し、ある組は誰も次にすすめない、ということがあってしかるべきなのだ。最終段階の面接は、〝選ぶ〟というより、我社に来てくれという〝営業する〟段階と言える。最終選考に残った人材の多くは、新卒・中途の場合を問わず、他社からも内定をもらっていることが多い。その中から、我社を選んでもらう場に徹したい。

新卒採用活動をはじめて行う企業として、意識しておきたい最低限のことを記した。これらのことに留意して行えば、大きな失敗はない。

Summary

- 会社説明会では社長自らが夢やビジョンを語る
- 国語力のある人材を採用する

経験者採用に気をつけろ
〜即戦力が採れる中途採用のコツ〜

地方都市企業、中小企業の採用で中心となるのは、業界経験者の中途採用である。こうした採用を経て入社した社員は、新卒社員と異なり、イチから社会人になるための研修をする手間が省け、これまでの経験が活かされることから〝即戦力〟採用とされている。

しかし、これまで私が見てきた範囲での意見であるが、即戦力ということで、即仕事は始められても即結果を出す〝戦力〟になるまでには時間がかかっている人が多いのではないか。面接でこれまでの経験や実績について質問をし、その内容に期待して入社しても、なかなか結果が出ない方が多いのが現実だ。

同業界からの転職であったとしても、会社が変われば仕事内容も多少は異なり、社風の違いなどから適合するのはそう簡単ではない。中途社員を多く採用している企業においては、中途社員の育成手法、独自の一人前化手法を有していないと重荷になってしまう。本書の主題から外れるので詳しくは述べないが、このポイントは〝一人前〟の定義の明確化と期限の設定、そして経験値による成果の格差がつきにくい業務スタイルを導入することなどが解決策だ。

さて話を戻すと、入社してからしばらく経っても思ったような結果の出ない中途社員の中には、「こんなはずではない」と焦りが出始める。そんな時、その焦りの矛先を自らに向けて、〝もっと精進しよう〟となってくれればいいのだが、中には〝会社のやり方が悪いのだ〟と原因を会社の仕組みに向けてしまう人もいる。20歳代の方ではあまり見かけないが、それ以上の年齢の方ではしばしば見かける。

このような方は、悪い言い方をすると、会社にとって〝害〟になり得る。ある方がこのような人を指して、即戦力に対して〝即害力〟という言葉を使い、うまいことを言うな、と感心したことを思い出す。

こうしたことがないように、熟考した中途採用活動が必要となる。面接では、履歴書や職務経歴書を見ながら行うので、これまでの経験や実績に引きずられることが多くなりがちだ。

過去の実績をツラツラと述べる応募者に対しては、「それほどの実績なのに、どうして転職を希望するのですか」と聞いておきたい。返答はたいてい、「御社において自分の力を試したい」という大リーグに挑戦するプロ野球選手のような回答が返ってくる。こうした返答では、面接をすすめても本当の部分が見えてこない。

新しい環境に早く溶け込んで、素直にまわりの意見を聞いて、真剣に仕事に打ち込む姿勢が見られる方が中途入社で結果を出す典型的な例であるから、このような性質を持っているかを見抜くために面接を行う。

質問の例をあげると、

「自分が素直だなと、思った経験談を聞かせてください」

「どういう上司が理想ですか」

（この場合、「厳しく、道筋をつけてくれる上司」を理想とする方のほうが早期に結果を出すことが多い）

「希望の職種や部署でなかったら、どうしますか」

（これも必ず聞いておきたいことのひとつだ。会社に興味を持って入社するのか、仕事内容なのか。この質問に対しては、理想的な回答は各企業によって異なるが、できれば「会社に入って、配属を命ぜられた部署で結果を出し、その後異動を願い出てみたい」と答えてくれればうれしい）

このように、中途採用においては、一般常識試験と数回の面接程度で合否を判定することが多いから、面接は非常に重要となる。何度も質問内容を検討しながら、面接経験を積むことで、レベルアップを図っていきたい。

Summary

・中途採用の見極めは慎重に

できる経営者は面接好き　～知人採用　紹介採用～

成長している同族企業の経営者は、幹部社員まで一丸となってよい人材を採用することに必死になっている。これは、「人材が企業成長の要である」という至極当たり前のことを、めんどうがらず行動に移しているに過ぎない。日々の業務の中や外部との交流会など経営者としてさまざまな場面で多くの人々と出会っている。その中で、我社の理念や経営方針に共感してくれ、一緒に働きたいと思える人がいないかを探し、そして、採用面接を受けることをすすめる。こうした、日頃の努力は必ず結ばれる。

かつて私がコンサルティングの現場で見た実例をあげると、出入りしていたコピー機メンテナンス担当者、あるいはいつも依頼していた印刷会社の営業マン、取引先の銀行員などが、社長に声をかけられたことが契機でその企業に入社していた。

ある有名なＩＴ系企業のＣＦＯと何度か会食をしたことがあるのだが、その方の経歴を聞いて驚いた。その方は、その企業のグループ会社が株式を公開した際の主幹事証券会社の担当者の方だったのだ。「仕事をすすめていく中で創業経営者の熱き想いに共感でき、さらに社風が自分に合っていた」と、転職の理由を述べていた。

このように経営者や経営幹部は常に、よい人材がいないかとアンテナを伸ばしておく必要があり、そのためにも（突発的によい人材に出会った際に）、明確に理念や夢を語ることができなければならない。こうした採用は、リクルーティング費用がかからない上、その人物についてのあらかたを知っているから、選考に時間がかからず確実性の高い方法だと言える。

その一方で、〝もしも〟の時はつらい。このようにして入社して仲間となった場合、もしもその方が何かトラブルを起こした場合でも、辞めてもらいにくいことは否めない。

不正などの背信行為を行った場合などはもちろん、即辞めていただくことになるのだが、その場合「社長が呼んできたあの人が不正した」と、社内外から社長の人を見る目に疑問が持たれることとなる。これでは、社長の信頼失墜につながる。こうしたリスクも気に留めていたい。

かつて、ある二代目経営者の方に対して、先代の知人や取引先・取引銀行などから、「この人をぜひ入社させてあげて欲しい」という要望が寄せられる現場に度々遭遇した。定年退職を控えた人、またはそれに近い年配の人。あるいは、これから学校を卒業し就職する人の場合と大きく2パターンある。こうしたことに対して、アドバイスを求められることがあった。私の答えは明確だ。「取引関係など、仕事上や地域の関係上どうしても必要なこと」として年配者を採用しようとする方も多いようだが、私は「どんなことがあってもNO」と答えた。このような年配の方をうまく会社に溶け込ませることができる企業は少ないし、かつてのような〝人的なつながり〟で仕事が舞い込むことも少なくなったからだ。

Summary

- 経営者は常にいい人材はいないかを考える
- 知人・縁故採用は慎重のうえにも慎重に

人材紹介会社・ヘッドハンティングは有効なのか

前章で述べた、経理・財務などの専門性の高い業務などにおいては、これまでに述べたような採用手法ではなかなか適した人材を見つけることが難しい。また、面接をしていざ各種条件の提示を行う段階で、まとまらない事例も見かける。こんな時は、あらゆる方面に触手を伸ばして積極的に求人活動を行いたい。

それ以外の手段として、エージェント会社を利用する方法もある。一般的なエージェント会社として、人材紹介会社がある。または紹介予定派遣という形式もある。これは数ヶ月間は派遣という形態をとり、そこでお互い（企業と該当者）の相性が合ったならば、入社という運びになる。

また、ヘッドハンティング会社に依頼するという方法もある。あらかじめ「こういった人材が欲しい」というオファーを出し、それに見合った人材を探してもらう。そして、面接をして合致したならば入社の運びとなる。金額はややかかるが、ダイレクトに求める人材に出会える。しかしながら、時間のかかることもあるので、じっくりと待つ気構えが欲しい。

このエージェント会社は、お金はかかるが（多くは、入社決定者の年収の3分の1程度）、うまく活用すると有効な人材供給源となる。

ここまで、同族企業のための採用手法について述べた。しかし、私は採用において、一般企業と同族企業において差がないと思っている。ある人は、「不利なんじゃないの。だって社員は絶対に社長になれないのに」と言う。しかし、そうした、もしかするとデメリットになりかねない要素がある一方、企業の永続性、アットホームな雰囲気など、プラスに働くことも多い。

どんな企業においても、社長の重要な仕事として「夢を語ること」がある。従業員に対して、その思いを伝える。そして、これから就職を考えている人に伝える。こうした繰り返しにより、〝すばらしい人財の宝庫〟と呼ばれる企業になっていくのだろう。

Summary

・人材紹介、ヘッドハンティング会社も時に有効に活用せよ

同族企業における人材育成の考え方

中小企業においては、社員の育成をあきらめている企業も存在しているように感じる。「ウチの社員の実力はこんなものだ。しかたない……」という嘆きにも似た声を聞くことがある。その一方で、「ウチの社員は大学を出ている者は少ないが、みな優秀な社員ばかりだ」と言い切る社長もいる。コンサルティングの現場での実感で言うと、このように両極端だ。

その理由は、社風にあると思う。後者の企業のパターンの場合、社員の多くが勉強好きであったり、コツコツ努力することに美点が置かれていたり、年齢を重ねてもなお上昇志向の強い方が多い。

そして、何より社長自らがその傾向にある。幅広い分野の多くの本を読み、比較的まとまった時間がとれれば資格取得に励んだり、あるいは50歳を過ぎてからダイビングを始めてみたり……。好奇心旺盛で、どんなことにもチャレンジし、過去を振り向くのではなく、常に前を見ている。そんな社長が経営する会社なのだ。

人材育成の基本は、〝あきらめず、常に前を向き、チャレンジする社風〟にあると思う。

過去を振り返ることに大きな意味はない。

〝過去は誰にも変えられない。未来は誰にでも変えられる〟このような社風の企業ならば、人材育成に力を（具体的には時間とお金）入れる効果があるだろう。

〝あきらめ社風〟の企業においては、たとえお金をかけて優秀な外部講師を呼んできて研修をしても効果はほとんどないだろう。受講者＝従業員が、〝進化したい、変化したい、成長したい〟という想いがない中での人材育成は時間とお金の無駄である。

こう考えると、何よりも〝勉強好き〟や〝成長意欲満点〟などの社風をつくることができれば、企業成長の可能性は高いと言える。〝企業は人なり〟という言葉を信じるならば、この社風づくりが企業成長にとって何より必要なことだ。

こう考えると結論として、〝人材育成は経営者の考え方で決まる〟と言える。

Summary

・好奇心旺盛、成長意欲の溢れる社風づくりをしよう

なぜ、ベテラン社員は成長しないのか

ベテラン社員の育成に手を焼いている企業経営者は多い。ある経営者は、多少冗談交じりに「あれくらいの年齢になると、これ以上の成長を望むのは難しい」と50歳を超えた社員のことを指して言っていた。年齢を重ね長く勤務している従業員は、毎日そつなくしっかりと業務を行っている。もしかすると時に手をうまく抜きながら、しかしそんなことはまわりから気づかれないのかもしれない。仕事の経験数があるから、言うなればそれほど〝がっつり〟仕事をしなくても平均点以上の成果を上げられるのだ。新しいことにチャレンジしなくとも、新たに何かを身につけたり吸収したりしなくとも、やっていける。

しかし、時代は変化し、仕事の内容は化していく。このような業務スタイルを数年間も行っていると、しだいに平均点以下の仕事レベルになり、周囲の期待通りの成果が得られなくなる。一方自らは、徐々に遅れ始めていることに気づきながらも、認めたくないから理屈をこねて〝そんなやり方ではだめだ〟と新しい手法を否定する。単なる時代遅れの人で留まっていただけるといいのだが、まわりに悪影響を及ぼすこともある。

かつて、世の中にパソコンが普及し始めた時、ちょうど私は大学を卒業し、社会人生活をスタートさせていた。その頃、これからのビジネスのスタンダードになるであろうパソコンに向かい、慣れない手つきでキーボードを叩いていた。

それを見ていた50歳くらいの中間管理職の方に「相手に何かを伝える時に、そんなものを使ってはだめだ。手書きの微妙なタッチから気持ちが伝わるのだ」と言われた。別に手紙を書いていたのではない。社内用の資料を作成していたのだ。まるで、書家の先生のような発言をしたこの上司は、その後世紀をまたいで数年経った頃に、パソコン教室に通い、なんとか使えるようになったそうだ。このように、ベテラン社員の中には新しいことになかなか適応しようとしない方もいらっしゃる。〝温故知新〟ならいいのだが、〝温故〟止まりの人達が、社会には多い。

ビジネスの新しい潮流に逆らい、これまでの経験や仕事勘で業務をこなそうとする。このスタイルがベテラン流なのだ、と思って意地を張っている。一方、社歴を重ねても成長を続ける方は、これまでの自分自身の業務手法は一定の期間を過ぎると、すでに賞味期限が切れるということを意識しており、常に改革と革新のために勉強し、情報を入手している。

年を追うごとに、こうしたモチベーションが持てなくなってくるのだろうか。「これくらいでいいや」と考えるのが一般的だ。ベテラン社員の育成は、なによりも先にこうしたことを理解させることだ（なかなか難しいことだが）。そのためにも、「まだまだ、期待している」ということを何度も何度も伝える。「あなたのレベルはこんなものではない」と言うのだ。すると、変革を起こすベテラン社員が現れる。

先に述べたように二代目経営者にとって、ベテラン社員をいかに戦力化し、一方で活躍せず足を引っ張る古参社員とどう決別するかは重要なことだ。

Summary

・ベテラン社員に革新を促し続けよう

新人社員の育成手法

新入社員の育成手法については、多くの本が出ている。どの内容も同じような内容であるが、本書では同族企業を意識した新人社員の育成手法について述べる。

【新人育成の本質】

まず、ひと通りのビジネスマナーや社会人としての常識などを身につけさせる。このことは実践の中で何度も注意され、先輩を真似しながら覚えていく。次に何よりも重要なことは、会社の創業からの歴史や創業原点などを教え込むことである。同族企業においては、創業原点をいつまでも守り通すということが重要で、このことを社員に徹底理解させる必要がある。具体的には、創業者の名前、創業の経緯、創業時の様子、企業を支えてくれた創業時の顧客名など、創業の想いを共有することだ。

ビジネスマンのスキルのベースはしつけ・マナーであると、多くの経営者は言っている。確かにこうしたことを何より先に身につける必要がある。本来、幼い頃から家庭で身につけることだが、現状はそうではないようだ。ならば、会社に入社してから実践形式で教えるしかない。これらが備わっていないと、どんな仕事であってもうまくいかない。社会には暗黙のルールというものがあって、そのことが実践できない人ははじかれてしまうようになっている。

具体的に述べるまでのことではないが、例えば目上の方を敬えということはわかっていても、それを仕事上で実践することはなかなかできない。会社の部署単位で会食をしている時に、上司の方が気を遣って若手社員にいろいろ話しかけている光景を見る。これは逆だ。部下の方から上司に対していろいろと話しかけるべきだ。こうしたことは、〝めんどうだな〟と思う人は少ないかもしれないが、〝何を話していいかわからない〟だとか〝話しかけたら、バカにされそうだ〟などと考えてやめる人がいる。これは気遣い＝マナーの問題だ。

次に国語力を身につけることが必要となる。このことはすでに採用の項で述べたので割愛する。これは、本来学校で身につけることだ。学歴と仕事に関係があるとは思えないが、このポイントに関してだけは、学歴が多少左右するのかもしれない。

そして、コミュニケーション能力。これは多くの人は〝話す能力〟と勘違いしているようだが、それ以上に重要なのは〝相手が何を考えているのかを読み解く力〟と言ったほうがいいかもしれない。〝まず読み取った上で話す〟ということができるようになれば会話がスムーズになるし、さらには〝一を聞いて十を知る〟ということもできる。話し好きの方が営業成績が振るわず、一方あまり比較的無口な方が好成績を上げていることがある。

このコミュニケーション能力はかなり高度である。仕事で大きな成果を上げているビジ

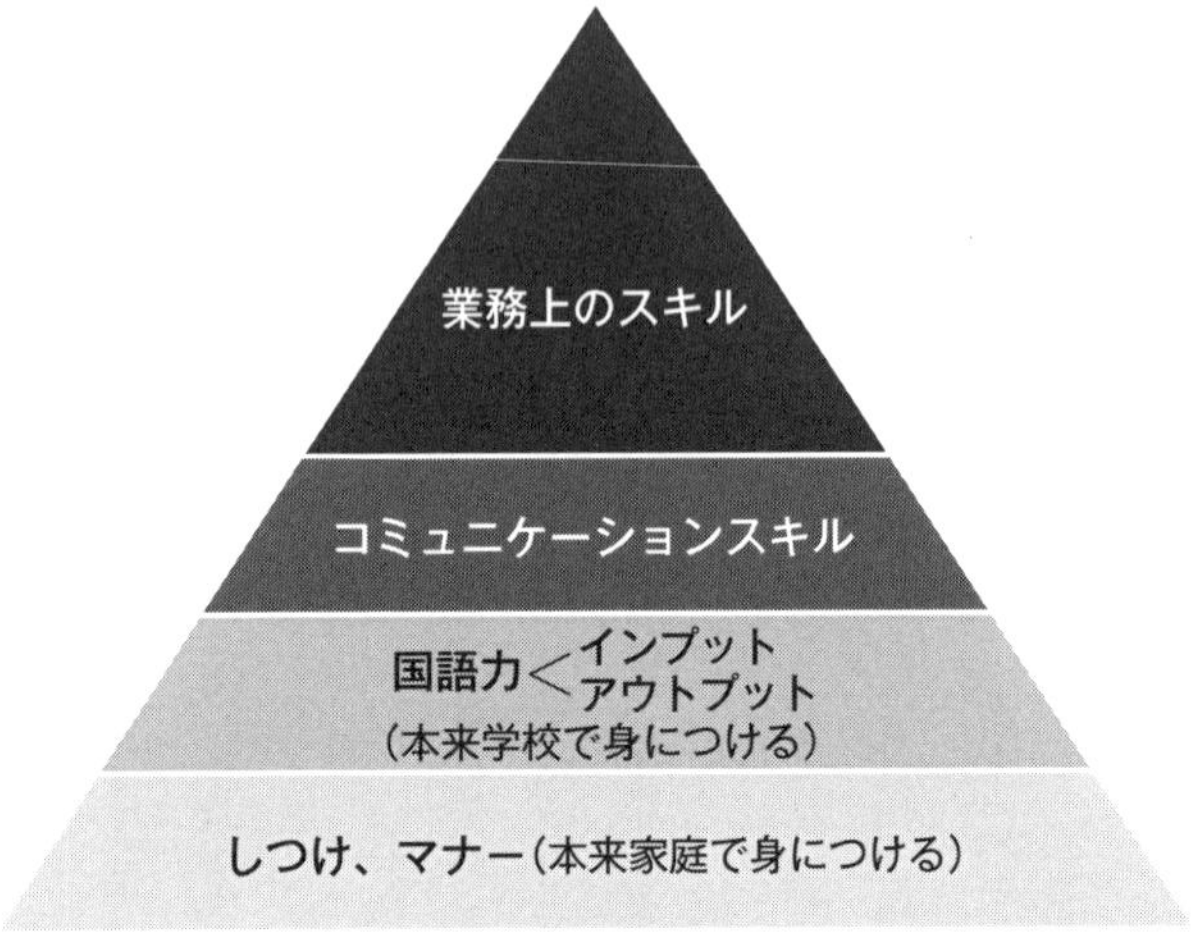

ネスマンは共通してこの能力が高い。上の図の三角形下の2つの能力を磨いてからでなければこの能力を高度に引き上げることは難しい。このことを理解していない人が多いように思える。

これら3つの〝仕事ベース力〟が備わって、その上に業務スキルが存在している。一番底のスキルを広げなければその上に乗っかるスキルが大きくなり得ない。業務スキルだけを身につけようとしても、それを支えるスキルが小さいと、身につかない。下の3つのレベルを上げない限り、仕事において大きな成果を安定的に出しにくい。この〝安定的〟にというのが重要だ。一過性の成果を出すこととは大きく異なる。我々は社会において、〝継続的にあるいは永続的に成果を上げ続けること〟このことが究極の目標なのだ。

【仕事クセ】

成長企業においては例外なく、社員が仕事に打ち込んでいる。長時間働くというよりも、〝仕事が好きなんだな〟という印象を受ける。あるいは〝仕事クセ〟がついているな、という感覚だ。言われたことをこなす作業型の仕事ぶりではなく、自ら積極的に仕事をつくり、自らで自分自身を忙しくしている傾向にある。多くの企業でこうしたことが社訓や行動基準にうたわれている。我社においても行動基準十則の5つ目に〝仕事は与えられるものではない。取るものだ〟とある。都市部の大きな企業だけではなく地方の企業において、行動基準などはないとしても、実際にそうしたことが〝当たり前〟となっている企業を多く見てきた。そして着実に成長していた。

では、どうすればそうなるのかというと、こうした企業では経営者はもちろん幹部社員がよく働く。そして、中間管理職が一番よく働いている。そうした状況に引っ張られるようにして若手社員もよく働く。かつて、我社を創業した船井幸雄会長が幹部社員に対してこんなことを言った。「我社は永続に成長していくでしょう。仕事クセ、働きクセが隅々まで行き渡っているからどんなことがあっても大丈夫だろう」

新入社員に仕事クセをつけさせること、これは入社して研修終了後、お客様扱いせずどんどん仕事を与え、体で覚えさせていく、仕事漬けにしていくのだ。もちろん、先に述べたように幹部や管理職者が実践していなければ、始まらない。

Summary

・新人には、まずしつけ・マナーと国語力
・仕事クセを若いうちにつけておく

7章

ケーススタディ
二代目経営者に知って欲しい心構えと対応策

理解を定着させるためのケーススタディ

この本は、同族企業の二代目（後継）経営者の方向けに、さらなる業績向上を目指していただくために書いた。ここまでお読みいただいて、同族企業の成長ルールを理解していただけただろうか。

この章では1～6章を振り返り、その理解をさらに深めていただくために8つのケーススタディを用意した。

事例は、私が主催している「二代目経営者勉強会」において、過去に用いたケースが中心である。実際に各ケースを読んでいただき、二代目経営者としてみなさんならどう対処するかを思い描いて、できれば自分の考えを紙などに書いていただきたい。そして、その後にどう考えるかのヒントを提示する。そこで、もう一度考えて欲しい。最後に、私が勉強会において解説したことなどを解説するので、参考にしていただきたい。

経営手法に正解などなく、私のコメントや解説はあくまでも参考ということだが、大筋はそのようにすることをすすめる。そして自分の会社に置き換えて考えて欲しい。

本章を読んでいただく流れとしては、以下のようになる。

ケースを読む→考える→ヒント（思考の補助線）を読む→再度考える→解説を読む→自分の会社に置き換えて考える

Case 1 ノウハウをどう取り入れるか

実家企業を継ぐことになっている私は最近、情報収集のためセミナーに参加したり、本を読んだりして、会社に役立つネタはないか、と仕事の合間を縫って努力している。

そんな時、あるセミナーに参加して「これはいい！」という情報を仕入れることができた。そして、その内容を自社に置き換え、整理し直して社長に伝えた。

「きっと、喜んでもらえる」

「学生時代は勉強しなかったけれど、今はオレも変わった。親父もそう我が子のことを思ってくれるといいな」

などと、弾んだ気持ちで報告をしてみた。

しかし、現実はそう甘いものではなかった。

「そんな暇があるなら、仕事をしろ」

「会社経営のヒントは現場にあるんだ」

「そういうのを、机上の空論と言うんだ」

「他の会社、他の地域でのことだろう、ウチには当てはまらないよ。TV通販でも言っているじゃないか。『効果には個人差があります』と」

そうした先代社長である父親のコメントに私はがっかりするのだ。

思考の補助線

社長に就任してからしばらくは、新規ビジネスに取り組む方が多い。その必要がある場合も多い。先代社長から「就任してから数年間は現状維持であること」と強く言われている方もいるが、やはりどちらかと言えば次々に新しいことに邁進する経営者が多い。

一方、経験豊富で年齢を重ねた方は、新しいことを取り入れることに対して慎重であることが多い。じっと、時を待つべきなのか、今が改革の時なのかは、企業の状況によって異なると思う。いつも内部状況を分析してから行動に移さなければならない。

さて、こうした先代社長との意見交換（意見対立）を乗り越えて二代目社長は本物の社長になっていくのだ。どうすれば、先代社長は納得してくれるのだろうか。

解説

経営者にとって、多くの情報を得ることは大切だ。ネガティブな情報ではなく、成功事例などのポジティブな情報は特にである。そうした理由から、本を読んだりセミナーに出かけたりするのだろう。その際に重要なことは、得た情報を吟味し、自社に置き換えればどうなるかを熟考することである。

若手の社長の中には、仕入れた情報をすぐに取り入れようとする方も見られる。「経営はスピード」などの標語を掲げている企業経営者であればなおさらだ。次から次へと新しいことを導入すると、現場での定着がおろそかになったり、現場が混乱したりする可能性も否めない。こうした傾向は創業オーナーに多く見られるのだが、二代目経営者の中にも見かける。新しい改革は、現在の自社の状況を正確に把握し、どのようにアレンジすれば自社に適合するのかを考えた上で、導入しなければならない。

こうした考えの経緯と効果の予測は先代社長に伝えることが必須である。また、実際に導入する際には社員にも伝える必要がある。こうしたことをきっちり行えば社内への浸透は早く、混乱も起きにくい。

Case 2 経営コンサルタントは同族企業に必要か

突然、会社に届いた一通のDM。いつもは、チラッと見て捨ててしまうのだが、キャッチフレーズにひかれ開封してみると、興味をそそられる講演の告知だった。「業績が3倍向上する経営の極意」講演の内容を詳しく読むとさらに聞きたいという欲求が高まり、早速申し込んだ。

参加してみると、同業界の多くの経営者が参加していた。年齢の近い人も多そうだ。一番前の席を陣取って、講師の話を聞き漏らすまいと必死にノートをとった。実際の経営現場の話が多く、とても参考になったし、講師の解説や提言もよかった。会社に戻って早速実践してみようと思った。

講師である経営コンサルタントの方は数多くの企業を成長に導いているようだ。我社も依頼すると、同じように業績拡大につながるのだろうか。そんな思いがよぎった。〝気軽にご相談ください〟とあったので、軽い気持ちで相談してみた。すると、「一度御社を訪問させていただきますよ。そこでゆっくりとお話しましょう。もちろん、その費用はいただきませんから」ということで、承諾し日時を決めた。

会社に戻り、創業者である父に講演のことや近々経営コンサルタントが会社に来ることを伝え、そこに同席するように頼んだ。すると、父は「経営コンサルタントを雇うことについては、経営者の中でも賛否両論ある。しかし、多くの大手企業がコンサルティング会社を雇っているのも事実だしな。まぁ、もし頼むとすれば、よく考えてからにしろよ。オレは肯定も否定もしないからな」と言った。反対されると思っていたので、父の回答は意外だった。

そして、当日講演で話していた講師が我社にやってきた。

具体的に話を聞いてみると、なんだか自分の会社ももっと大きく成長できそうな気がしてきた。

経営コンサルタント会社と契約を結ぶ時は、どんな点に注意すればよいのだろう。

思考の補助線

経営コンサルタントとの付き合い方を、経営コンサルタントである私が指南するのは、立場的に難しいのであるが、ここでは中立な立場で解説する。

まず、当たり前のことであるが確認のために記しておく。経営コンサルタントに依頼しても、業績向上が約束されたことではないということだ。もちろん、何の効果がなくても経営コンサルタントは違約金を払うわけではない。企業の業績向上は、経営者しだいである。そのサポートをするのが経営コンサルタントであり、さまざまな方策の決断や社内への落とし込みは経営者自らが行わなければならない。

では、どのような状況下で経営コンサルティング会社と契約するのが効果的なのだろうか。

解説

現在中小企業においても、経営コンサルティング会社と契約している会社が増えてきた。かつては、「うちの会社はまだ小さいから、そういう世界の方々は縁がない」と考えてきたようだが、今では変わってきた。

一方、コンサルティング企業も、専門特化する企業などが現れ、大手から中小ベンチャー企業まで随分増えた。

コンサルティング会社では、さまざまなサービスを提供しており、経営者サークル的な安価な商品もある。こうしたコンサルティング会社が提供しているさまざまな商品を比較検討したうえで、自社にとって最適なサービスを選択すればいいだろう。自らが求めるもの、つまりどういった目的でコンサルティング会社と関係を持つのかを明確にすれば、おのずと選択すべきものが見えてくるだろう。

最後に、やはり重要なのは相性である。コンサルテーションは人的なサービスが基本であるから担当者を見定めることは重要であろう。

Case 3 偉大な母は経理部長 ～このままでいいのか我社のCFO～

創業時、従業員がまだ数人しかいない頃、企業の経理業務は創業者の妻や母など親族の女性が行っていることが多い。地方都市で産声をあげた企業などは特にそうだ。しかし、企業が成長し従業員が増え、業界内や地域での知名度を得た状況下においても、いまだ経理業務は創業時の親族を中心として（経理部長などの名刺を持っていて）、そしてサポート事務員など数名で行っている例をよく見かけた。売上規模が数十億円の規模になった会社においても見られたことだ。

そして、代が替わり、創業者のそして経理部長（母親）の息子が社長となる。当たり前のことだが、経営者は与えられた資本（カネ・ヒト・モノ）を活用して収益を上げることが任務である。しかし、こうした場合、母親がしっかりと財布を握っており、自由に使いにくい状況にある。

さて、外部から経理責任者を雇い入れ、スムーズに切り替えを行うことがよいことは本書でも述べたが、いくつかの不安要素が出てくるだろう。信頼できる人材を採用できるのか、そして母親はすんなりとその役職を引き渡してくれるのか、などである。
さて、このような状況をどう打開していこうか。

思考の補助線

確かに、企業のお金を預かる任務は信頼の置ける人材でないと任せにくい。創業者が妻などに任せるのも一番信頼できるからだ。また、同族企業の場合、〝家〟と企業との線引きがお金の上できっちりしていないことが多い。だから、そうしたいわば暗部を一族外の人物が見ることがどんな影響を持つかわからない。そうするとよけいに親族がいいということになる。

しかし、家業から企業への転換に際して、このお金の線引きは最重要ポイントだ。そのことを理解している方は決断しなくてはいけない。また、経験はあるが、しっかりとその分野の知識があるかどうかわからない人間に大きなお金を任せるのは不安であろう。

母をどうやって説得するのか。これまで見てきた中で、これは厄介な問題のようだ。採用に際しては、一般公募をするよりも、知人経由や取引先の銀行からなどが多いようだ。
さて、どう動こうか。

解説

お金の流れは、人間に例えると血液のようなものだ。この流れが止まってしまうと、企業は死んでしまう。経理・財務業務は企業経営の中で最も重要なものだ。これに異論はあるまい。社長の中には、「経理は任せている。俺は苦手だから」とおっしゃられる人もいるが、それではいけない。経営者自らが、お金の流れについてのあらかたを知る必要がある。〝任せっきり〟はよくない。

まず経営者が数字に強くなること。これが一番重要。企業規模が数億円を越えると、日々大きなお金が動くから、例えば奥様が家事をしながらの片手業務では厳しくなる。こうした頃が変わり目と言える。

このような業務の適任者を外部から採用する場合、一般的な公募では適任者に出会うことは難しい。さらに、その人が本当に信頼できるかを面接で判断するのは困難だ。そして、例えば多くの応募者があった場合、面接に時間もかかる。

こうして結局、知人の紹介、何らかの業務上で関わったことのある人に声をかけるという形態にならざるを得ない。これは、10億円規模の企業においては、経理業務のほかに経営企画などの業務担当者でも同様ではないか。経営者自らが日々の活動の中で探し出す、これが一番だ。

難関は、現在の経理担当者である親族の存在だ。創業以来担ってきた業務を奪われる、という認識を抱いてしまうこともあるかもしれない。創業者がそうであるように、こうした方々も会社を子供のような存在として捉えている。

これからの企業の発展イメージ、志、そうした大きな夢を素直に伝えることがファーストステップだ。そして、信頼できる後任を探すことを伝え、採用できればその人に引き合わせる。こう順序立てて、コトをすすめることが何よりも重要なことだ。

Case 4　リビングが役員室？　～休息の場所を確保できているか～

妻や父、母、兄弟など一緒に住んでいる方が同じ会社に勤めているということが、同族企業では多い。会社で一緒に働き、会議で議論を戦わせた相手が自宅でも顔を合わせる。自宅での話題も、子供がその場にいなければ、たいていは会社の話題となる。外出が多い社長に対して社内にいることが多い経理担当である妻、こうした構図の場合、自宅での会話は「あなたがいない時にあの人がこんなことを言っていた」といった内容が多い。また、人事的な話は、会社ではまわりに聞こえても困るから、家ですることが多いだろう。

しかし、せっかく自宅で休息し、翌日の仕事に備えようとしてもこれでは休まらない。自宅が役員室のようになっている。自宅ではゆっくりと本を読む時間などに充て、少しでもリラックスしたいと考えている二代目経営者は多いはず。

経営者の心の休息はどこで得ればいいのだろう。

思考の補助線

ある二代目経営者はこんなことを言っていた。「経営者というものは家にいても、旅行に行っても、いつも会社経営のことを考えている。そういう生き物だ」。多くの経営者の方に接してきて、私もそう感じる。

しかし、自宅に戻っても業務の続きというような毎日では精神的にもきついことだろう。しかし、このケースの場合、妻は社長である夫のことを思い、いろいろな話をして、悩みを共有しようとしているのだ。そうしたことも理解できる。

これは、会社内に家人がいる場合は、必ず起きる悩みであるが、どう対処しようか。まさか、心休まる場所が夜の飲食店だったり、ほかにあったりしてはならないのだが……。

解説

これは、やはり奥様や家族に対して、「自宅では仕事の話は最小限にしよう」と提案するほかはないだろう。そして、仕事の話はできるかぎり会社内で行うようにしたい。家庭内での仕事の会話から些細な言い争いが始まっては、心休まるどころか、イライラしてしまうからなるべく避けたいところだ。

こうした意識を持っている経営者は多い。「そうしないと、体がもたない」と、ある経営者はもらした。また、ある社長は出張など外で宿泊する時に必ず一泊余分に宿泊し、そこでのんびりすることをルールとしている。ゆっくり本を読んだり、ぼーっとテレビを見たりして、英気を養っている。

それぞれのスタイルがあるだろうが、経営者が会社で最高のパフォーマンスを発揮するためには、心と体の静養は欠かせない。

Case 5 一族以外の従業員を取締役に就任させるか

同族企業では役員に名を連ねているのが、すべて一族という企業が多い。それ以外の従業員が役員になっていても、最古参社員が一人、取締役に就任している程度だ。

こういう状況であるから同族企業と言われるのだが、二代目経営者である私は、これでいいのかと考えている。従業員は、絶対に役員になれない企業に勤めている。これで、モチベーションがあがるのだろうか？　と思っている。しかし、先代社長をはじめ、まわりの親類は顔をしかめている。古参社員といっても父の時代からいる、いわゆる〝YESマン〟で、役員として経営を司る一員として働いているわけではない。どちらかといえば、功労賞的な人事だった。

自社の将来を一緒に考え行動していく、本物の取締役を一族以外から欲しいと思ってしまうこの頃だ。

思考の補助線

同族企業において、役員すべてが家族という企業はとても多い。これは規模が大きな企業においても見られる。これについての賛否両論はあるだろうが、どちらがいいとも言えるものではない。このケースにおいては、二代目である現在の社長は一族で占められた役員を見て「これではいけない」と思っている。ならば、どういう人たちを何人くらい役員に加え、どんな役割を担ってもらうかを考える必要がある。

そもそも役員とは何かを考える。そして同族企業のメリットとデメリットを社長が理解する。このあたりから思考するといいだろう。

解説

同族企業のメリットとは何だろう。例えば、意思決定のスピード、事業に対するこだわりを追求できること、などがあげられる。前述したが、サントリーは代表的な同族企業としてまず思い浮かぶ企業だ。サントリーの長年赤字であったビール事業への投資はまさに、同族企業だからできたと言える。また、経営者の責任感の強さもメリットだろう。

一方、一般の従業員が社長になれないから、その影響でモチベーションが下がることがあれば、デメリットと言えるだろう。

同族企業において、一般従業員の一人を役員として登用することは、家業から企業への転換の第一歩と言っていい。こうしたことを実行するタイミングとしては、代替わりの時がふさわしいだろう。二代目社長の右腕としての役員の存在は、とても大きな存在だ。この人選いかんによって、企業の発展速度が速まるかもしれないし、発展の足かせとなるかもしれないから、慎重に選びたいものだ。

Case 6 古参社員とどう向き合うか

父が社長の時代から勤務している従業員が我社には多い。これらの人の中には、私が幼い頃、遊んでもらったり、小遣いをもらったりした従業員もいる。私を社長として扱ってくれる人もいるが、相変わらず子供扱いしてくる人もいる。まあ仕方のないことだ。

会議においても、幾人かの古参社員はどうも上の空であるし、やりにくい。本当は厳しく注意をしたいところだが、どのように言おうか迷っている。先代社長からはいつも、「永年勤めてくれている功労者を無下に扱うな」と言われているし、これらの社員も先代社長に対しては、きちんとした態度をしている。

こうした古参社員には、どう接したらいいのだろう。

思考の補助線

年齢を重ねてくると変化に適応することが難しくなってくる。これは多くの方々に共通することだ。同族企業に勤める従業員にとって、社長の代替わりとはとても大きな変化であり、ましてそれが定年まで後数年というような時期ならば、「いまさら……」と思うであろう。

しかし、こうしたベテラン社員の行動がほかの社員に与える影響は大きい。経営者もそれをわかっているから、なんとかしなければと考えるのだ。

ここは直接顔を突き合わせて、いわば〝サシ〟で会話をするしかないだろう。ほかの社員の前で叱責することは一番よくない選択だ。では、〝サシ〟でどんな会話をするのか、そしてどんな決断をするのか、考えてみよう。

解説

多くの日本の企業は終身雇用を常としてきた。同族企業においては（地方都市においてはなおさら）、ある一族が経営する企業に、いわば〝イエ〟の一員となって勤めることであるから、大きな問題を起こさないかぎり、会社を去らねばならないということはなかった。

一方で、1990年代に入って日本企業はアメリカ型経営に舵をきり、ドラスティックな経営改革やリストラクチャーを推進した。こうした中で、同族企業においても、業績連動型給与制度が導入され、不活性社員が会社を去らねばならないような状況が見られた。しかし、中には同族企業のよさが失われるという理由から、「たとえ企業業績が悪くても、雇用を守る」と宣言している企業もある。

では、明らかに悪影響を及ぼしている古参社員の処遇をどうするかであるが、これは徹底的に話をして改善を促すしかあり得ない。経営者から見て親子ほどの年齢の差があり、なかなかお互いに本音で話し合うことは難しいであろう。こうした場合、立場に関係なく、年下のほうから語りかけるしかないだろう。経営者としての思い、そして相対する社員に対する期待などを包み隠さず話す。こうしたことを行い、再生を促すのだ。

しかし、このようなことを経ても再生できない古参社員は、残念ながら会社を去らざるを得ない。一部の古参社員を再生させ、一部の古参社員が会社を去る、ということを行って社内の一体化を図る必要がある。

Case 7 地域の集まりと企業経営 ～バランス感覚が求められる～

二代目経営者の中にはＪＣ（日本青年会議所）活動に夢中になる人も多い。30歳代の後半という仕事において一番油の乗っている時期に、理事長や専務理事というＪＣ幹部として、会社業務を減らしてまでも、活動に打ち込む人もいるようだ。かつて総理大臣だった麻生太郎氏は日本ＪＣの会頭を務め、選挙においても、その人脈を活かしたと言われている。

また、ＪＣを卒業した後、今度はロータリークラブに加盟し、変わらぬ活動をしている二代目経営者の方もいらっしゃる。このような方とお話していると、そのつながりが仕事につながることも多く、また先輩から企業経営のことを教わることも多いので、「とても、いい組織だ」と言っている。しかし、入会してしばらくは新しい出会いや経験をしていたのであるが、ある時からは「ちょっと飽きてきたな」と感じる方もいるようだ。とはいえ、いったん入会した組織を脱退することもなく、40歳を迎える時に卒業となる方が多いそうだ。

もし、あなたがそのような時にすでに経営トップに就任していたとすると、実際の業務に支障がでることも考えられる。信頼できる部下があなたの業務をサポートするのか、それともうまくバランスをとりながら経営を行うのか。はたまた、〝今年だけ〟と自分に言い訳して業務をおろそかにするのか。

さて、みなさんはどうしますか?

思考の補助線

経営にはバランス感覚が必要だ。私の親しくしているある専門商社の二代目社長は就任後10年を経たずに売上・経常利益を倍増させ、業界内での地位も飛躍的に向上させている。この社長はもちろん経営を最優先に日々を過ごしておられるが、ほかに海外でのNGO活動にも力を入れている。本業とはほとんど関係のない活動で、もちろんその関係から仕事が入るということもないようだ。しかし、企業のCSR活動の一環として、また自分自身の気分的リフレッシュとして活動されているのだ。

仕事に直結していようがいまいが、企業経営のほかの時間は経営者にとって、取り組み方、時間のけじめのつけた方、などを考慮すればいい影響をもたらす。

このあたりを中心に考えてみよう。

解説

同じような立場の方との交流は、抱えている悩みを相談したり、これからのすすむ道について議論したり、時を忘れての付き合いになることが多い。とてもいい影響をもたらすことが多いだろう。

しかし、そうした活動にあまりにものめり込んでしまうと逆効果ということもあり得るから注意が必要だ。また、そのコミュニティの雰囲気がよくなかったり、会話内容がネガティブなことが多かったりすることもあるから、そうした状況ならば脱会も検討しなければならない。同業企業の集まりなどでは、業績が好調であるということは話しにくいから、どうしてもネガティブな内容の会話になりがちで特に注意が必要だ。

一方、仕事と直接的に関係のないコミュニティは、気分転換や新しい人脈ができるなどとプラスの要素が多い場合もある。こうしたことを参考にしながらの付き合い方が必要である。いずれにせよ、本業である社長業との時間のバランスが必要だ。

Case 8 一人の世界を持つ必要性 ～集中できる環境を～

朝から夜まで仕事に追われている毎日を過ごす経営者は多い。

最近は、大きな企業でも隔離された社長室を設けることが少なくなってきた。社員と席を近くして、ダイレクトに会社の状況を把握し、また気軽に話しかけることができる風通しのよい雰囲気づくりのために、社長の特別な部屋を廃止した企業もある。同族企業は、風通しの悪い印象を持たれがちだから、そうしている企業をよく見かける。また、中小企業ならば、物理的に無理という場合もあるだろう。

そんな状況でも、社長の業務には例えば経営計画の策定や会議資料の作成など、じっくりと集中力を高めて取り組まねばならないことも多い。自宅に帰っても子供たちがワイワイやっており集中した時間は夜遅くでないととりにくい。

こういう状況は何とかしなければならないと思っているあなた。どうしますか?

思考の補助線

一人でじっくり考えるのが得意なタイプと、話しながら物事を考えるタイプの経営者がいる。あなたはどちらのタイプだろうか。私はかつて部下と話をしながら考えるほうが、いろいろなアイデアが出ていいと思っていたが、近年は意識して、一人でじっくり考えるようにしている。ある社長は、経営の傍ら著書を何冊も出されているのだが、全書自ら執筆なされている。「家で、一人考えるのが好き」ということだ。どちらが自分に合うかはわからない。やはり、一人でじっくりする時間の確保は必要なようだ。

さて、その時間をどうやって、どこで、確保するのかが重要なのではないか。

解説

ある二代目経営者は、「社長の仕事は考えること。考えて、考えて、考え抜くこと」と言った。自社の現状分析、自社の強みと弱み、市場環境など、その内容は多岐にわたる。

多くの経営者が、ゆっくりと考える空間・時間づくりを工夫している。ある経営者は東京と大阪間の移動が多いことから、「新幹線の中が最高の書斎」と言う。であるから、必ずグリーン車に乗るそうだ。また、ある社長は「定期的に数日間ホテルに滞在し、そこでまとめて時間を確保している」と言う。かくいう私も、この書籍の執筆を、飛行機に乗っている時間の大半を費やして書いた。かつて、週1回の新聞の連載を抱えていた時も、そのほとんどを機内で書いた。私にとっては最高の書斎であった。書くことは、間違いなく考えることである。

経営者の仕事は（たとえ中小企業であっても）、現場の最前線で働くことではなく、戦略・戦術を考えることである。これを怠っていては、企業の成長は断じてあり得ない。そのためには、集中できる環境が必要だ。そして、それを実現できる環境を手に入れなければならない。会社が一番いい、という人もいれば、ホテルがいい、という人もいるだろう。いずれにせよ、一人で集中できる場所を手に入れることが企業発展につながるのだ。

あとがき

経営コンサルタントという仕事に就いて12年が過ぎた。その間、数多くの素敵な出会いに恵まれた。経営者の方々だけでなく、従業員の方々に至るまで、倣いたい、この人のように人生を歩みたい、そう思える方々といいお付き合いをさせていただいている。こうした出会いに、そしてこうした仕事に心からの感謝をしている。

本書は私が書いたはじめてのビジネス書に類するものだ。これまで僭越ながら、3冊の本を世に送り出している。経営者の半生を追いかけたドキュメンタリーを2冊、そして大学院時代の先輩と共著である企業不祥事について書いたものだ。

こうした経緯から、この『創業者を超える二代目経営者の成長ルール』を書き始めた頃、どのように書いていいのか悩み、なかなかすすまなかった。論文においては、先行研究を踏まえ、その上に論を展開していく。その論は、後に誰が読んでも納得がいくよう論証を積み上げながら文章を展開していく。一方、ビジネス書においては、こうしたことを必要としないのかもしれない。著者の独自の意見を提示し、第三者から「本当にそうか?

」と突っ込まれたとしても、「それは私の見解ですから」と言えばいいのだ。こうしたある種の度胸と言える要素が、本書を書き始めた頃の私になかった。そうしたことから、自分の見解を述べる際にできる限りの実例を盛り込むことにした。「こうした事例では……」という文書のすすめ方にすることで、自分自身を納得させながら原稿を書くことができた。初めの頃は編集者の方に「もっと言い切ってください」と何度も後押しされ、原稿を何度も書き直し、そうこうしているうちに、書き終えるまでに1年近くかかってしまった。長くかかってしまったことにお詫びと、励ましに感謝を申し上げたい。

本書の中で伝えたい重要なテーマのひとつは、〝イエ〟と会社の関係にどう決着をつけるか、ということだ。家業から企業への転換と言ってもいい（もちろん、イエ＝会社と決め、企業への転換を図らなくてもいい）。しかし、どちらかをはっきりさせ、社内・外に明確に意思表示することが重要であると考えている。表向きは「会社は公器、一番優秀な人材が次の社長だ」と言いながら、どう見てもそうでない例を見かける。経営者は言行一致でなければならない。どうも私は、表情（顔）と心（腹）が一致していない「顔腹不一致」な方が苦手なようだ。

現在の大企業もそのスタートは同族企業だった。それが発展し株式を公開し、社会の公器となったのだ。企業経営の原型と言える同族企業。そのよさを再認識してもいいのではないか。そんな思いで原稿を書きすすめた。そして、特に地方都市に数多く存在する同族企業を応援する気持ちを抱きながら書いた。地方都市の衰退が言われるようになって久しい。それは高度経済成長期のような農村社会から都市社会への人口移動に伴う社会構造変化というものではなく、地方都市が経済的に衰退しているというものだ。親しくしている企業の中に「創業の地を離れない」という不文律を大切にしている企業が数社ある。いずれも業界だけでなく多くの人が知る著名な企業であり同族会社である。創業し育てていただいた地とともに歩みたいという想いが、社長の言葉からにじみ出ている。

衰退する地方都市の発展には、地方に多く存在する同族企業の発展が不可欠だ。心からそう思う。

本書は、不十分な内容や言葉足らずの文書も多く見られると思う。読み返せば読み返すほど、書き直したいところが出てきた。しかし、物事には期限というものがある。その範囲の中でできるだけのことはしたつもりだ。

本書を手にしてくださる方々、そしてここまで読みすすめてくださった方々に感謝したい。感謝・感謝の毎日をあと30年くらい続けようと思う。

著者略歴

吉崎　誠二（よしざき　せいじ）

株式会社船井総合研究所　上席コンサルタント　戦略コンサルティング本部　次長
1971 年兵庫県生まれ。現在、ディベロッパー、ハウスメーカー、住設メーカー、マンション関連企業などの不動産･住宅関連業を中心にコンサルテーションを展開。また、二代目経営者向けの勉強会や講演会を主催し、地域優良企業の二代目経営者向けの活動も多数行っている。雑誌、新聞、ウェブサイトでの連載多数。
立教大学 大学院卒。
著書として『ものづくりへの情熱』、『本土に負けない沖縄企業』（共著）、『企業不祥事が止まらない理由』（共著）（ともに芙蓉書房出版）がある。

創業者を超える二代目経営者の成長ルール

平成22年 5 月26日　初版発行

著　者 ―― 吉崎誠二

発行者 ―― 中島治久

発行所 ―― 同文舘出版株式会社

東京都千代田区神田神保町1-41　〒101-0051
電話　営業03（3294）1801　編集03（3294）1803
振替　00100-8-42935　http://www.dobunkan.co.jp

 ISBN978-4-495-58951-6
印刷／製本：三美印刷　Printed in Japan 2010